◆付属 CD-ROM の使い方◆

1．製品概要

- 発音確認用に音声ファイルを収録しました。
- PowerPointファイルの収録により、ドイツ語文法の解説がアニメーションで閲覧できます。
- 本文からの豊富なリンクにより、学習時の疑問点等について即座に関連箇所を参照することができます。
- 外部ホームページへのリンクも設定してあります。インターネットを通じて、生のドイツ語を体験できます。（インターネット接続環境が必要です。）

2．動作環境

1) 日本語版Windows 95/98/NT4.0以降のいずれかのOSが動作しており、CD-ROMドライブが内蔵あるいは接続されているパソコン。

2) 必要となるシステムは、ご使用のWWWブラウザ各バージョンの動作環境によります。

3) WWWブラウザ
本CD-ROMコンテンツは、Internet Explorer 4.0以降のブラウザでの閲覧に最適化された作りとなっています。
必要に応じて、本CD-ROM収録のInternet Explorer 5をインストールしてご使用ください。

4) 収録音声ファイル再生
PCM音源を再生可能なサウンドカードが必要です。

5) PowerPointファイル閲覧
PowerPoint97、PowerPoint2000、PowerPoint Viewer97のうちいずれかのソフトがインストールされている必要があります。
必要に応じて、本CD-ROM収録のPowerPoint Viewer97をインストールしてご使用ください。

6) WWWリンク
ホームページをご覧になる場合、ご使用のパソコンにインターネット接続環境がセットアップされている必要があります。

3．バンドルソフトのインストール

1) Microsoft Internet Explorer 5をインストールする。
   ① 実行中のすべてのアプリケーションを終了し、ウィルス検出用プログラムなど、常駐しているプログラムがないことを確認します。
   ② 本CD-ROMをCD-ROMドライブにセットします。
   ③ デスクトップ上の［マイ コンピュータ］アイコンをダブルクリックします。
   ④ CD-ROMアイコン［Asahiverlag］をダブルクリックします。
   ⑤ ［Tools］フォルダをダブルクリックします。
   ⑥ ［Ie5］フォルダ内の［cdsetup.exe］ファイルをダブルクリックすると、インストールプログラムが起動します。
※以降は画面のメッセージにしたがってインストール作業をすすめてください。

2）PowerPoint Viewer97 をインストールする。
① 実行中のすべてのアプリケーションを終了し、ウィルス検出用プログラムなど、常駐して
いるプログラムがないことを確認します。
② 本 CD-ROM を CD-ROM ドライブにセットします。
③ デスクトップ上の［マイ　コンピュータ］アイコンをダブルクリックします。
④ CD-ROM アイコン［Asahiverlag］をダブルクリックします。
⑤ ［Tools］フォルダをダブルクリックします。
⑥ ［PPView97］フォルダ内の［PPView97.exe］ファイルをダブルクリックすると、インス
トールプログラムが起動します。
※以降は画面のメッセージにしたがってインストール作業をすすめてください。

※ご使用のパソコンのシステムによっては、ダブルクリックをシングルクリックに置き
換えてお読みください。

4．起動手順

① パソコン起動後、本 CD-ROM を CD-ROM ドライブにセットします。
② デスクトップ上の［マイ　コンピュータ］アイコンをダブルクリックします。
③ CD-ROM アイコン［Asahiverlag］をダブルクリックします。
④ ［index. html］ファイルをダブルクリックすると、ご使用の WWW ブラウザが起動
し表紙画面が表示されます。

5．画面構成

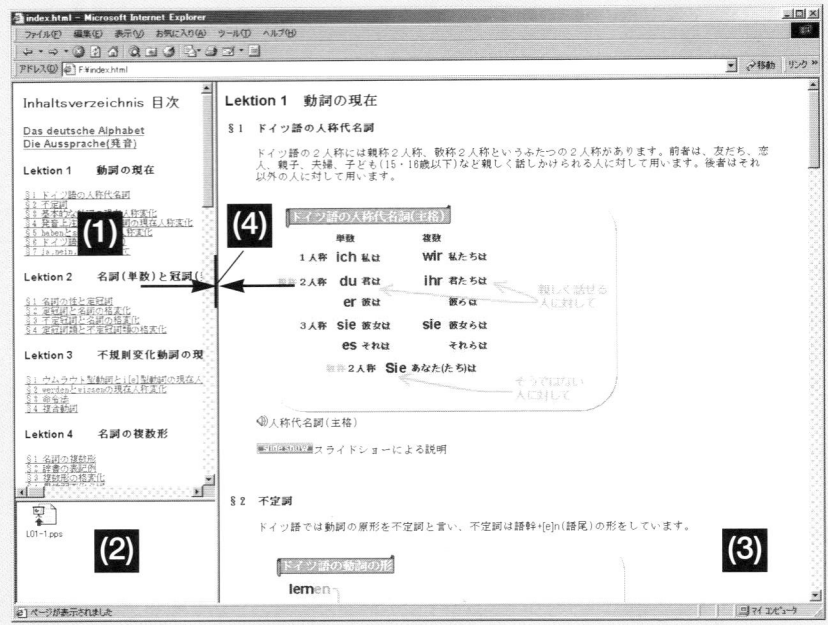

(1) 目次表示欄

書籍テキストと同様の目次構成となっています。各項目をクリックすると該当する本文が表示されます。

(2) **PowerPoint** ファイル表示欄

slide showをクリックするとこの欄にPowerPointスライドショーファイルが表示されます。表示されたファイルをダブルクリックして起動してください。

(3) 本文表示欄

本文は各Lektionごとにまとめて表示されます。本文内には様々なリンクが設定されています。アンダーライン付きの青文字をクリックして下さい。

(4) フレーム割合の調整

ディスプレイの解像度設定によっては、各欄に充分な表示スペースが割り当てられない場合があります。
フレームの割合は境界線をドラッグすることで変更できますので、ご自由に調整してご使用ください。

6．リンク

本文（各Lektion）には以下のようなリンクが設定されています。学習にお役立てください。

1) www-Surfen （Webサイト参照）

ドイツ語圏に関連する話題についてのホームページを表示します。（ご使用のパソコンにインターネット接続環境が整っている必要があります。）

※他サイトへのアクセスは自己責任において行ってください。また、アクセス先の内容については責任を負いかねますのでご了承ください。

2) 🔊 （音声再生）

スピーカマークをクリックすると音声が再生されます。

下の表示の場合、再生、一時停止、停止ボタンによる音声再生のコントロールが可能です。（ブラウザのプラグインによっては下図表示と異なる場合があります。）

3) slide show （PowerPointファイル表示）

左下のフレームにPowerPointスライドショーファイルが表示されます。ファイルをダブルクリックすると、アニメーションによるドイツ語文法の解説が閲覧できます。

なお、復習項目は黄色で  と表示されます。

以下にPowerPoint Viewer97の簡単な操作法を説明します。詳細はインストール後作成されるPpvwread.txtをご覧ください。

次のスライドを表示
 マウスの左ボタンをクリックするか Page Down キーを押します。
前のスライドを表示
 Page Up キーを押します。
スライドショーを終了
 Esc キーを押します。
メニューを表示
 マウスの右ボタンをクリックします。
ヘルプを表示
 F1 キーを押します。

4）　**解 答**　（解答表示）　**独 訳**　（ドイツ語訳文表示）

問題の解答、及びドイツ語訳が表示されます。

7．注意事項

1）CD-ROM 取り扱いの注意
- 音楽用の CD プレーヤーでは再生しないでください。
- ディスク両面に指紋、ホコリ、水（油）滴等がつかないよう取り扱ってください。また、ボールペン、油性ペン等による書き込み、シール、ラベル等の貼り付けも行わないでください。
- ディスク保管時には直射日光のあたるところ、高温多湿な場所を避けてください。

2）その他
- 他サイトへのアクセスは自己責任において行ってください。また、アクセス先の内容については責任を負いかねますのでご了承ください。
- 各ホームページのアドレスは、予告なく変更されることがありますのでご了承ください。
- 本製品の使用により直接的、間接的に生じたいかなる損害に対しても当社では責任を負いかねます。あらかじめご了承ください。
- Microsoft、Windows、Windows NT、PowerPoint は米国 Microsoft Corporation の米国及びその他の国における商標または登録商標です。
- Windows の正式名称は Microsoft Windows Operating System です。
- その他、記載されているシステム名、製品名は、一般に各社の登録商標もしくは商標です。

Hermann Hesse, „Im Nebel"
Aus „Gesammelte Dichtungen".
© Suhrkamp Verlag Frankfurt am Main 1952.

Microsoft® PowerPoint® Viewer 97
Portion copyright © 1999 Microsoft Corporation. All rights reserved.

写真提供
サンテレフォト　（株）FIX

装　丁　　　イラスト
庄司　三奈子　齋藤　香織

監修者あいさつ

　倉田勇治さんはコンピュータを駆使し、それによりさまざまなインフォメーションを与えること、さらにはそれを土台に新たなる可能性の展開を図ることにかけて、素晴らしい知識と技量をお持ちです。この „Deutsch und Deutschland direkt *per Klick*" は、そのお力がフルに発揮されたドイツ語入門用ソフトと言うことができます。

　今日の学生、生徒たちが易々とコンピュータを操作し、Bildschirmに示される情報を吸収したり、指示に従って前進する（できる）こと、そこから得た知識を次々と拡大していく過程に大きな興味を持っていることは周知のとおりです。従って、優れたソフトが与えられれば、興味に導かれて誰でもドイツ語学習の海をサーフィンすることになるでしょう。その上、本書にはアニメーション利用の文法表、疲れた時など90以上のサイトで一休みなど、飽きさせない工夫もこらされています。このCD-ROM付文法書の利用をお勧めする所以です。

2000年春

早川　東三

はじめに

　ドイツ語を勉強して、ドイツ語圏の国々のことをもっと知りたいと思ってこの本を手にしてくれたあなた、この参考書は従来のものとはちょっとちがうのです。あなたは今まさに新しい世界へのパスポートを手にしようとしているのです。本書の付属 CD-ROM には次のような特色があります。
　⑴文法規則をアニメーションで視覚的に分かりやすくプレゼンテーションしました。
　⑵ハイパーリンクによりクリックひとつで自由自在に瞬時に予習・復習ができます。
　⑶ネイティヴによるドイツ語の発音をすばやく繰り返し再生できます。
　⑷インターネット併用により本書がいわば生ける百科全書に生まれ変わります。
　　90以上のサイトにアクセスできます。

　本書は、あなたの興味と情報活用能力次第で何にでもなることでしょう。会話の練習、旅行の計画、現代ドイツ考、文学作品の読書等々、挙げだせばきりがありません。筆者の願いはただ、あなたがドイツ語学習を通して高度情報通信社会に積極的に参画し、また、他の国々の文化に Respekt を示してくれることなのです。

　終わりに、本書刊行にあたり、本書の監修を快くお引き受けくださった学習院女子大学学長の早川東三先生、例文のすべてに校閲の労をとられ且つ吹き込みをしていただいた立教大学教授の Michael Feldt 先生に、この場を借りて心から感謝申し上げます。また、本書を世に送り出す機会を与えてくださった朝日出版社、編集に常に全力投球してくださった第一編集部の細谷明子さんに厚く御礼申し上げます。

　2000年春

倉田　勇治

ロゴの説明

  アニメーションによる説明ないし復習が CD-ROM にあることを意味しています。

 練習問題のセクションに入ることを意味しています。

 CD-ROM に解答例ないし独訳例があることを意味しています。
（本書の巻末にも掲載されています。）

 インターネットのセクションに入ることを意味し、CD-ROM にはホームページを活用した練習問題などがあります。

Inhaltsverzeichnis 目次

付属 CD-ROM の使い方 ··· i
監修者あいさつ ·· vii
はじめに ·· viii
ドイツ語圏略地図 ·· xii
Das deutsche Alphabet ··· xiii
Die Aussprache（発音） ·· xiv

Lektion 1　動詞の現在 ·· 2

§1 ドイツ語の人称代名詞
§2 不定詞
§3 基本的な動詞の現在人称変化
§4 発音上注意すべき動詞の現在人称変化
§5 haben と sein の現在人称変化
§6 ドイツ語の配語法（1）
§7 ja, nein, doch について

Lektion 2　名詞(単数)と冠詞(類)の格変化 ··························· 8

§1 名詞の性と定冠詞
§2 定冠詞と名詞の格変化
§3 不定冠詞と名詞の格変化
§4 定冠詞類と不定冠詞類の格変化

Lektion 3　不規則変化動詞の現在人称変化 ·························· 12

§1 ウムラウト型動詞と i[e] 型動詞の現在人称変化
§2 werden と wissen の現在人称変化
§3 命令法
§4 複合動詞

Lektion 4　名詞の複数形 ·· 19

§1 名詞の複数形
§2 辞書の表記例
§3 複数形の格変化
§4 男性弱変化名詞
§5 人称代名詞

Lektion 5　前置詞 …………………………………………………24

§1　前置詞の格支配
§2　前置詞と定冠詞の融合形
§3　前置詞と人称代名詞の融合形
§4　前置詞と疑問代名詞 was の融合形
§5　前置詞＋動詞または形容詞によるイディオム

Lektion 6　再帰代名詞・非人称の es・不定代名詞・疑問代名詞
……………………31

§1　再帰代名詞
§2　再帰動詞
§3　再帰代名詞のその他の用法
§4　非人称動詞と非人称の es
§5　人称動詞の非人称化
§6　非人称熟語
§7　主な不定代名詞と疑問代名詞

Lektion 7　形容詞と副詞 ………………………………………38

§1　形容詞の用法
§2　形容詞の格変化
§3　形容詞の名詞化
§4　形容詞と副詞の比較表現

Lektion 8　話法の助動詞・zu 不定詞・副文 ……………………48

§1　話法の助動詞
§2　助動詞構文
§3　話法の助動詞の独立動詞化
§4　話法の助動詞に準ずる動詞
§5　zu 不定詞
§6　zu 不定詞句の用法
§7　ドイツ語の配語法(2)

Lektion 9　過去形・未来形 ……………………………………57

§1　動詞の三基本形
§2　過去分詞に ge- のつかない動詞
§3　分離動詞の三基本形
§4　話法の助動詞およびこれに準ずる動詞の三基本形
§5　過去人称変化
§6　未来

Lektion 10　完了形 ··········64

§1　現在完了
§2　話法の助動詞およびこれに準ずる動詞の現在完了
§3　過去完了
§4　未来完了
§5　話法の助動詞＋完了不定詞

Lektion 11　受動態 ··········70

§1　受動態の作り方
§2　受動態の時称
§3　自動詞の受動態
§4　状態受動
§5　その他の受動表現
§6　現在分詞と過去分詞
§7　未来受動分詞

Lektion 12　指示代名詞と関係代名詞 ··········76

§1　指示代名詞 der
§2　定関係代名詞
§3　不定関係代名詞 wer と was
§4　関係副詞 wo

Lektion 13　接続法 ··········83

§1　接続法とは
§2　接続法の形態
§3　直説法の時称と接続法の時称
§4　要求話法
§5　間接話法
§6　非現実話法
§7　外交的接続法
§8　仮定的認容
§9　als ob ＋接続法

解答・独訳 ··········92

付録　主要不規則動詞変化表 ··········105

ドイツ語圏略地図

Das deutsche Alphabet

A	a	𝒜	𝒶	aː		Q	q	𝒬	𝓆	kuː
B	b	ℬ	𝒷	beː		R	r	ℛ	𝓇	ɛr
C	c	𝒞	𝒸	tseː		S	s	𝒮	𝓈	ɛs
D	d	𝒟	𝒹	deː		T	t	𝒯	𝓉	teː
E	e	ℰ	ℯ	eː		U	u	𝒰	𝓊	uː
F	f	ℱ	𝒻	ɛf		V	v	𝒱	𝓋	faʊ
G	g	𝒢	𝑔	geː		W	w	𝒲	𝓌	veː
H	h	ℋ	𝒽	haː		X	x	𝒳	𝓍	ɪks
I	i	ℐ	𝒾	iː		Y	y	𝒴	𝓎	ˈʏpsilɔn
J	j	𝒥	𝒿	jɔt		Z	z	𝒵	𝓏	tsɛt
K	k	𝒦	𝓀	kaː						
L	l	ℒ	ℓ	ɛl		Ä	ä	𝒜̈	𝒶̈	aːˈʊmlaʊt
M	m	ℳ	𝓂	ɛm		Ö	ö	𝒪̈	𝑜̈	oːˈʊmlaʊt
N	n	𝒩	𝓃	ɛn		Ü	ü	𝒰̈	𝓊̈	uːˈʊmlaʊt
O	o	𝒪	𝑜	oː						
P	p	𝒫	𝓅	peː			ß		𝛽	ɛs-tsét

Die Aussprache（発音）

1．だいたいローマ字のように読みます。
2．アクセントは原則として第一音節にあります。
3．母音は原則として子音一個の前では長く、二個以上の子音の前では常に短く発音されます。

単母音

haben	持っている	Name	名前
handeln	行う	danken	感謝する
geben	与える	neben	…の横で（へ）
kennen	知っている	lernen	学ぶ
Lampe	灯火	Tante	伯母
Bibel	聖書	Titel	タイトル
finden	見つける	dick	太った
Hof	中庭	oder	あるいは
kommen	来る	Onkel	伯父
gut	よい	Bruder	兄弟
Mutter	母	unten	下に

変母音

ä [ɛː,ɛ]	Bär	熊	Täter	犯人
	Hälfte	半分	ändern	変える
ö [øː,œ]	Flöte	フルート	hören	聞く
	können	できる	öffnen	開く
ü [yː,ʏ]	müde	疲れた	Übung	練習
	Hütte	小屋	Glück	幸運

複母音

ei [ai]	arbeiten	働く	mein	私の
ie [iː]	hier	ここ	Brief	手紙
	※ただし、Lilie ユリ			

Die Aussprache

eu äu	[ɔY]	teuer Fräulein	高価な （未婚の）女性	heute träumen	きょう 夢を見る

子音

母音 + h （h は無音、長母音化）

		Bahn	鉄道	gehen	行く

語末の b・d・g

b	[p]	Dieb	泥棒	halb	半分［の］
d	[t]	Kind	子供	und	そして
g	[k]	Hamburg	地名	Tag	日

語末の -ig

-ig	[Iç]	billig	安い	mutig	勇気のある
		※ただし、Könige	王（の複数）		
		königlich	国王の		

ch [x] ①a・o・u・au の後ろの ch

		Achtung	注意	Nacht	夜
		doch	けれども	noch	まだ
		Buch	本	suchen	さがす
		auch	…もまた	rauchen	タバコを吸う

ch [ç] ②a・o・u・au 以外の後ろの ch

		durch	…を通って	euch	君たちに（を）
		ich	私	Mädchen	女の子
		nicht	…ない	reich	金持ちの
j	[j]	ja	はい	jung	若い
pf	[pf]	Pferd	馬	Pfeffer	コショウ
qu	[kv]	Quelle	泉	Quittung	領収書

母音の前の s[z]

		sehr	とても	reisen	旅行する
ss, ß	[s]	besser	よりよい	hassen	憎む
		Fußball	サッカー	heißen	…という名前である
sch	[ʃ]	schön	美しい	Tisch	机
tsch	[tʃ]	Deutsch	ドイツ語	Kitsch	まがいもの

語頭の sp-, st- ［ʃp, ʃt］

		spielen	遊ぶ	sprechen	話す
		Straße	通り	studieren	大学で学ぶ

v	[f]	Vater	父	viel	たくさんの	
w	[v]	wandern	徒歩旅行する	wohnen	住む	
z		tanzen	踊る	herzlich	心からの	
tz	[tz]	letzt	最後の	setzen	座らせる	
ts		nichts	何もない	Staatsoper	国立歌劇場	
ds		abends	夕方に	tausendst	千番目の	
chs	[ks]	Fuchs	キツネ	wachsen	成長する	

注意すべき外来語の発音

ph	[f]	Phantasie	想像［力］	Physik	物理学	
th	[t]	Theater	劇場	Thema	テーマ	

tia-, tie-, tio- の **ti** は [tsi] と発音されます。

Initiale	イニシャル	Patient	患者
Lektion	課		

基数詞、序数詞、曜日・月・四季名を発音して暗記しましょう。

基数詞

0	null	10	zehn	20	zwanzig
1	eins	11	elf	21	einundzwanzig
2	zwei	12	zwölf	30	dreißig
3	drei	13	dreizehn	40	vierzig
4	vier	14	vierzehn	50	fünfzig
5	fünf	15	fünfzehn	60	sechzig
6	sechs	16	sechzehn	70	siebzig
7	sieben	17	siebzehn	80	achtzig
8	acht	18	achtzehn	90	neunzig
9	neun	19	neunzehn	100	hundert
				101	hunderteins
				1000	tausend

序数詞

1. erst
2. zweit
3. dritt
4. viert
5. fünft
6. sechst
7. sieb[en]t
8. acht
9. neunt
10. zehnt
20. zwanzigst
30. dreißigst
40. vierzigst
50. fünfzigst
100. hundertst
1000. tausendst
21. einundzwanzigst
32. zweiunddreißigst
101. hundert[und]erst
111. hundert[und]elft

🖉 1.から19.までの序数詞は基数詞に-tを付け、20.以上の序数詞は-stを付けて作ります。

曜日
Montag
Dienstag
Mittwoch
Donnerstag
Freitag
Samstag
(= Sonnabend)
Sonntag

月
Januar
Februar
März
April
Mai
Juni
Juli
August
September
Oktober
November
Dezember

四季
Frühling
Sommer
Herbst
Winter

みなさん、インターネットのホームページのなかには重宝なものがいろいろあります。ここで紹介するとすれば、英独・独英辞典のホームページでしょう。ドイツ語を入力すれば対応する英語が出てきます。もちろん逆もOK。簡単なドイツ語文ならば英語に翻訳してくれるものもあります。手始めに発音練習に挙げられている単語を調べてみてはどうでしょう。

Lektion 1　動詞の現在

§1　ドイツ語の人称代名詞

ドイツ語の2人称には親称2人称、敬称2人称というふたつの2人称があります。前者は、友だち、恋人、親子、夫婦、子ども（15・16歳以下）など親しく話しかけられる人に対して用います。後者はそれ以外の人に対して用います。

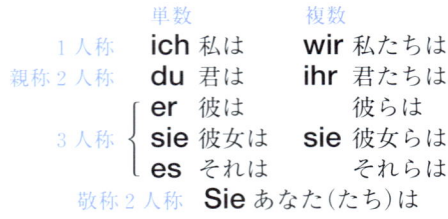

§2　不定詞

ドイツ語では動詞の原形を不定詞と言い、不定詞は語幹+[e]n (語尾)の形をしています。

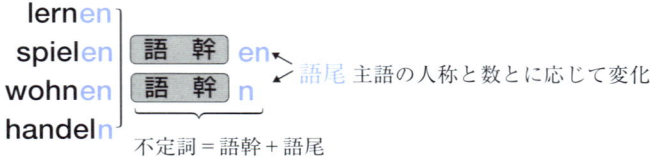

🖉　発音練習に挙げられている語のうち動詞に注目してこのことを確認してください。

§3　基本的な動詞の現在人称変化

動詞は主語の人称と数とに応じて語尾が変化します。この変化した語尾を持つ動詞を定動詞と言います。なお、1・3人称複数および敬称2人称では、定動詞は不定詞と同形になります。

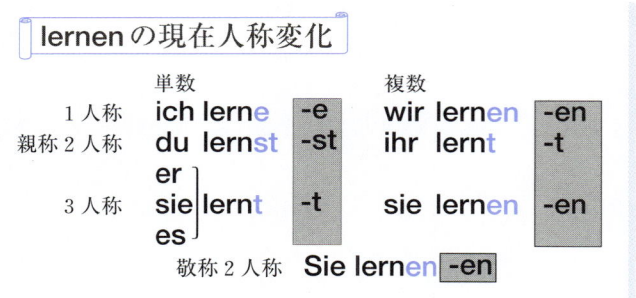

§4　発音上注意すべき動詞の現在人称変化

語幹に人称変化語尾を機械的につけると発音しづらくなる動詞があります。

不定詞	arbeiten	reisen	handeln	
語幹	arbeit	reis	handel	
ich	arbeite	reise	handle	-e
du	arbeitest	reist	handelst	-st
er	arbeitet	reist	handelt	-t
wir	arbeiten	reisen	handeln	-[e]n
ihr	arbeitet	reist	handelt	-t
sie	arbeiten	reisen	handeln	-[e]n

- 語幹が-d/-tなどに終わる動詞は、主語が2・3人称単数および2人称複数のときに、語尾の前に〈口調上のe〉が入ります。
- 語幹が-s/-ß/-zなどに終わる動詞は、主語が2人称単数のときに、語尾はふつう-tになります。

- 不定詞が-eln/-ernに終わる動詞は、主語が1人称単数のときに〈弱音のe〉の重複を避けるために、語幹のeが省かれることがあります。ただし、-ernの方は稀。
- そのほか語幹が-chnや-ffnで終わる動詞も口調上問題が生じます。

次の動詞の意味を調べ、現在人称変化させなさい。

danken　　finden　　heißen　　tanzen　　wandern

§5　habenとseinの現在人称変化

　habenは英語のhaveに、またseinは英語のbe動詞にあたることばでとても重要な動詞です。今日の英語とは異なり、ドイツ語ではseinが完了の助動詞としても使われます。第10課の完了時称で問題になりますから今のうちに覚えておきましょう。

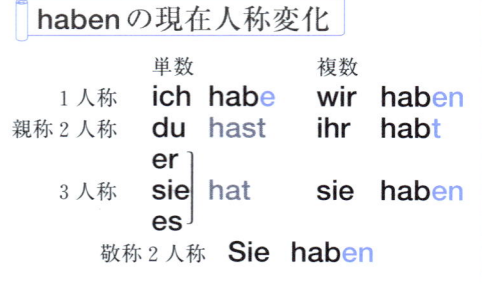

- habenは主語が2・3人称単数のときに不規則変化します。

```
        sein の現在人称変化
                    単数          複数
            1人称    ich bin      wir sind
        親称2人称    du  bist     ihr seid
                    er
            3人称    sie ist      sie sind
                    es
                    敬称2人称  Sie sind
```

- sein は、単複を問わず、すべての人称で不規則変化します。

§6 ドイツ語の配語法 (1)

さてここで、「彼女は今日ペーターとテニスをする」という文をもとにして、ドイツ語の基本的な語順についてまとめておきます。

```
    Sie    spielt  heute  mit Peter  Tennis.
    Heute  spielt  sie    mit Peter  Tennis.
    Wann   spielt  sie    mit Peter  Tennis?
           Spielt  sie    heute      Tennis?
```

- ドイツ語では定動詞と最も緊密な関係にある語(句)が文末に置かれ、定動詞とペアの関係になっていることがよくあります。このペアの語により他の文成分を挟み込んでいる形をわく構造と言います。
- ドイツ語では主語以外の文成分が文頭に出た場合にも次に定動詞が来ます。これを定動詞第2位の原則と言います。
- 疑問詞を伴わない決定疑問文の場合には、「定動詞＋主語」の形になります。

（　）内の不定詞を定動詞に改めて和訳しなさい。

① Ich (sein) _____ müde.
② Du (haben) _____ Glück.
③ Wir (sein) _____ nicht reich.
④ (Sprechen) _____ ihr Deutsch?
⑤ Wo (wohnen) _____ du?

§7　ja, nein, doch について

jaは肯定による問いに対して肯定的に返答する場合に用います。neinは、肯定による問いであれ否定による問いであれ、否定的に返答する場合に用います。dochは否定による問いに対して肯定的に返答する場合に用います。

Spielst du Fußball?　　　—Ja, ich spiele Fußball.
君はサッカーをしますか。　　はい、私はサッカーをします。
　　　　　　　　　　　　　—Nein, ich spiele nicht Fußball.
　　　　　　　　　　　　　いいえ、私はサッカーはやりません。

Spielst du nicht Fußball?　—Doch, ich spiele Fußball.
君はサッカーはやらないのかい。　いいや、私はサッカーをします。
　　　　　　　　　　　　　—Nein, ich spiele nicht Fußball.
　　　　　　　　　　　　　ええ、私はサッカーはやりません。

次の日本語をドイツ語で言いなさい。

① 彼は熱心に仕事をしますか。—はい、彼は熱心に仕事をします。
　　　　　　　　　　　　　　—いいえ、彼は熱心には仕事をしません。
② 彼は熱心には仕事をしないのですか。
　　　　　　　　　　　　　　—いいや、彼は熱心に仕事をします。
　　　　　　　　　　　　　　—ええ、彼は熱心には仕事をしません。

ドイツ人になったつもりで自己紹介を試みてください。

　—例—
　① 私はSebastianといいます。
　② 私はHeidelberg出身です(Heidelbergから来ている)。
　③ Heidelbergはとても美しいです。
　④ 私は法律を専攻しています。
　⑤ 私は音楽を好んで聴きます。

Lektion 2 名詞(単数)と冠詞(類)の格変化

§1 名詞の性と定冠詞

ドイツ語の名詞には男性名詞、女性名詞、中性名詞という文法上の3つの性があり、この性の違いに応じて定冠詞の形が異なります。

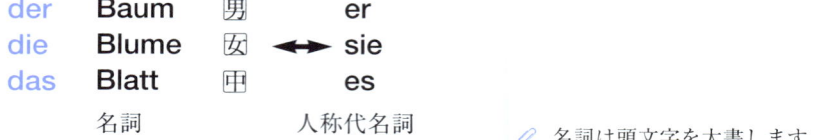

der	Baum	男	↔	er
die	Blume	女		sie
das	Blatt	中		es
	名詞		人称代名詞	

🖉 名詞は頭文字を大書します。

§2 定冠詞と名詞の格変化

定冠詞の形は、文法上の性のみならず、1格[主格]、2格[所有格]、3格[与格]、4格[対格]という名詞の働きによっても変化します。1格は日本語の助詞「…は・が」に、2格は「…の」に、3格は「…に」に、また4格は「…を」におおよそ相当します。

	男性名詞	女性名詞	中性名詞
1格	der Mann	die Frau	das Kind
2格	des Mann(e)s	der Frau	des Kind(e)s
3格	dem Mann	der Frau	dem Kind
4格	den Mann	die Frau	das Kind

🖉 ほとんどの男性名詞とすべての中性名詞には単数2格で-sまたは-esの語尾がつきます。

1格　Der Mann singt sehr gut.
　　　この男性はとても上手に歌をうたう。
2格　Die Frau des Mannes spielt sehr gut Klavier.

この男性の細君はとても上手にピアノを弾く。

3格　Ich danke dem Mann herzlich.
　　私はその男性に心から感謝している。

4格　Kennst du den Mann nicht?
　　君はその男性を知らないかい。

例文のMannとFrauを入れ替えてもう一度定冠詞の格変化の練習をしなさい。

§3 不定冠詞と名詞の格変化

不定冠詞einは英語のa(an)にあたることばで、「ある」・「ひとつの」を意味します。不定冠詞の形もまた、定冠詞同様に名詞の性と格とに応じて変化します。

	男性名詞 スカート	女性名詞 ブラウス	中性名詞 ワンピース
1格	ein　　Rock	eine Bluse	ein　　Kleid
2格	eines Rock(e)s	einer Bluse	eines Kleid(e)s
3格	einem Rock	einer Bluse	einem Kleid
4格	einen Rock	eine Bluse	ein　　Kleid

Sie kauft einem Mädchen einen Rock und eine Bluse.
彼女はある女の子のためにスカートとブラウスを買う。

Wir suchen eine Bushaltestelle. Wo ist sie denn?
私たちはバス停をさがしています。いったいどこにあるのでしょうか。

§4 定冠詞類と不定冠詞類の格変化

定冠詞とほぼ同じ変化をする語があります。それは、dieser（この（近距離の）あの）、jener（（遠距離・抽象的の）あの）、solcher（その（この・あ

の）ような）、welcher（どの）、mancher（いくつもの）、aller（すべての）、jeder（おのおのの）です。

	男性名詞 木	女性名詞 花	中性名詞 葉
1格	dieser Baum	diese Blume	dieses Blatt
2格	dieses Baum(e)s	dieser Blume	dieses Blatt(e)s
3格	diesem Baum	dieser Blume	diesem Blatt
4格	diesen Baum	diese Blume	dieses Blatt

✐ ただし、jederは単数形のみで使われます。

Welche Blume findest du schön? — Ich finde diese Blume schön.
君はどの花が美しいと思いますか。　　　私はこの花が美しいと思います。
Jedes Seminar ist sehr interessant.
どのゼミもとてもおもしろいです。

単数で不定冠詞と同じ変化をする語があります。これは、mein（私の）、dein（君の）、sein（彼の）、ihr（彼女の）、sein（それの）、unser（私たちの）、euer（君たちの）、ihr（彼らの・彼女らの・それらの）、Ihr（あなたの・あなたたちの）、kein（ひとつも…ない）です。kein以外の語は所有を表していて、所有冠詞または所有形容詞と呼ばれます。keinは否定を表し否定冠詞と呼ばれます。否定冠詞keinは、不定冠詞を用いている肯定文を否定文にしたり、無冠詞の語を目的語にとっている肯定文を否定文にするときに用います。

	男性名詞 父	女性名詞 母	中性名詞 子ども
1格	mein Vater	meine Mutter	mein Kind
2格	meines Vaters	meiner Mutter	meines Kind(e)s
3格	meinem Vater	meiner Mutter	meinem Kind
4格	meinen Vater	meine Mutter	mein Kind

✐ ときどき、「『私の父は…』の『私の』は2格ではないのですか」といった質問を受けることがあります。「私の」は所有冠詞（所有形容詞）自体の意味からくるものです。「私の父の」となってはじめて2格になります。

Sie schreibt ihrer Mutter einen Brief. 彼女は母親に手紙を書く。
Seine Tochter ist Studentin und sein Sohn ist Schüler.
Meine Tochter ist keine Studentin. Sie studiert noch nicht.
彼の娘は大学生で彼の息子は生徒だ。私の娘は大学生ではない。娘はまだ大学で学んではいない。

下線部に適当な語尾を補って和訳しなさい。

① Das ist das Auto mein____ Vaters.　Das Auto gehört mein____ Vater.
② Das ist die Bluse mein____ Mutter. Die Bluse steht mein____ Mutter sehr gut.
③ Welch____ Armband schenkst du dein____ Freundin? － Ich schenke ihr dies____ .
④ Dies____ Mehrzweckhalle ist schön. Unser____ Stadt hat noch kein____ .
⑤ Jen____ Lehrerin unterrichtet nicht Deutsch, sondern Französisch.

Lektion 3　不規則変化動詞の現在人称変化

§1　ウムラウト型動詞と i[e] 型動詞の現在人称変化

動詞のなかには、幹母音（語幹のなかの母音）aおよびeが2・3人称単数で変化するものがあります。幹母音aはäに、eはiまたはieに変わり、これらの動詞は不規則変化動詞（第9課参照）に属しています。本題に入るまえにまず、第1課§3の基本的な動詞の現在人称変化を復習してください。

不定詞 語幹	fahren fahr	sprechen sprech	sehen seh
ich	fahre	spreche	sehe
du	fährst	sprichst	siehst
er	fährt	spricht	sieht
wir	fahren	sprechen	sehen
ihr	fahrt	sprecht	seht
sie	fahren	sprechen	sehen

🖉 i[e]型動詞に関しては、幹母音eが短音のときにはふつうiに変わり、長音のときにはieに変わります。

§2　werden と wissen の現在人称変化

werdenはi[e]型動詞に属し「…になる」という意味を持つ自動詞です。これは未来・推量の助動詞（第9課参照）や受動の助動詞（第11課参照）としても用いられるとても重要な語です。また、wissenは主語が1人称単数のときにも不規則変化を行う特殊な動詞であり、日常きわめてよく用いられるものです。意味は「知っている」です。

	不定詞	werden	
	語幹	werd	
ich	werde	wir	werden
du	wirst	ihr	werdet
er	wird	sie	werden

🖉 ihr werdet の d の後ろの e は〈口調上の e〉です。

	不定詞	wissen	
	語幹	wiss	
ich	weiß	wir	wissen
du	weißt	ihr	wisst
er	weiß	sie	wissen

🖉 「知っている」という意味の動詞には他に kennen があります。wissen と kennen のもっとも大きな違いは、wissen が従属接続詞に導かれる副文（第8課§7参照）を目的語にとるという点です。

【1】それではここでいくつか重要動詞をまとめておきましょう。

	fahren	halten	lassen	schlafen	tragen
ich					
du					
er					
意　味					
	essen	geben	helfen	nehmen	sprechen
ich					
du					
er					
意　味					

	lesen	sehen	wissen
ich			
du			
er			
意味			

【2】下線部の不定詞を定動詞に改めて和訳しなさい。
① Er <u>sehen</u> schlecht. Er <u>tragen</u> eine Brille.
② Unser Kind <u>essen</u> gut und <u>schlafen</u> gut.
③ Paul <u>bleiben</u> heute zu Haus und <u>lesen</u> einen Krimi.
④ Die Lehrerin <u>geben</u> dem Schüler einen Tip.
⑤ Der Film <u>laufen</u> schon.

§3 命令法

ドイツ語では命令する相手によって動詞の形が異なります。まず2人称について復習しましょう。2人称には親称2人称と敬称2人称があり、親称2人称では単数形と複数形の形がちがっていましたね。さてそこで命令法ですが、命令の仕方にはduに対する命令、ihrに対する命令、それにSieに対する命令があり、それぞれ動詞の形がちがってきます。

不定詞	語幹	duに対して	ihrに対して	Sieに対して
lernen	lern	Lern(e)!	Lernt!	Lernen Sie!
sprechen	sprech	Sprich!	Sprecht!	Sprechen Sie!
lesen	les	Lies!	Lest!	Lesen Sie!
		語幹+(e)	語幹+t	語幹+en Sie

🖉 duに対して命令するときには、語幹のうしろに語尾-eをつけます。しかしこの語尾-eはしばしば省略されます。ただし、主語がdu, er（3人称単数）、およびihrのとき

- に語幹のうしろに〈口調上のe〉が入る動詞の場合には語尾-eは省略しません。また、不定詞が-eln, -ernで終わる動詞も語尾-eは省略しません。
- i[e]型動詞を用いて命令するとき、命令の相手がduである場合には、主語がduのとき同様に幹母音を変化させ、語尾-eはつけないのがふつうです。
- ウムラウト型動詞を用いて命令するときには、命令の相手がduであっても変音させる必要はありません。
- 命令の相手がSieであるときには、定動詞のあとに主語Sieを言い添えます。

例外的な変化をするseinとwerden

不定詞	語幹	duに対して	ihrに対して	Sieに対して
sein	sei	Sei ruhig !	Seid...!	Seien Sie...!
werden	werd	Werde dicker!	Werdet...!	Werden Sie...!

- dickerは、dickの比較級です（第7課§4参照）。

（　）内の語を用いて、du, ihr, Sieに対しそれぞれ命令してみなさい。

① (mal / hergucken)
② (vorsichtig / fahren)
③ (hier / Platz / nehmen)
④ (bitte / ruhig / sein)
⑤ (doch / hereinkommen)

- ①、⑤は分離動詞を参照。

§4　複合動詞

基礎動詞のまえにいろいろな前綴りがついた動詞を複合動詞と言います。あまり耳慣れないことばかもしれませんが、たとえば今日の英語にもこれは若干残っていて、underline, understand、それに最近は

やりのことばupdateなどが複合動詞と呼ばれるものです。ところが、この複合動詞がドイツ語にはとてもたくさんあるわけです。例として、kommenを基礎動詞にする複合動詞をいくつか紹介してみましょう。

不定詞	意味	不定詞	意味
ankommen	着く	**be**kommen	もらう
aufkommen	起こる	**ent**kommen	逃げる
mitkommen	一緒に来る	**ver**kommen	落ちぶれていく

(1) 分離動詞

　　分離動詞は前綴りに強いアクセントがあり、主文中においては、前綴りが基礎動詞から分離して文末に置かれます。前綴りが分離可能であるのは、これ自身が独立した品詞として存在するためです。

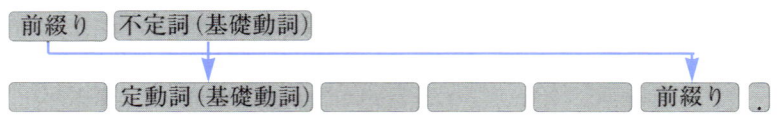

　　Ich komme morgen Abend in Berlin an.
　　わたしは明日の夕方にベルリンに着きます。
　　Sie liest ihrer Freundin ein Gedicht vor.
　　彼女は彼女の女友だちにある詩を読んで聞かせる。

(2) 非分離動詞

　　非分離動詞の前綴りにはアクセントがありません。非分離の前綴りは、be-, emp-, ent-, er-, ge-, ver-, zer-, (miss-) などであり、これらの前綴りはそれ自身独立した品詞としては存在しません。

　　Sie bekommt von Michael einen Blumenstrauß.

彼女はミヒャエルから花束をもらう。
Er versteht diesen Roman gar nicht.
彼はこの長編小説をまったく理解していない。

(3) 分離・非分離動詞

durch-, hinter-, über-, unter-, wieder- などの前綴りは、アクセントのあるなしによって、分離したり分離しなかったりします。このようなタイプの複合動詞を分離・非分離動詞と言います。前綴りに強いアクセントが置かれて分離動詞として用いられれば、前綴りが持つ具体的・空間的な意味合いが強く出てきます。他方、アクセントが置かれず非分離になるときには、比喩的・抽象的な意味合いを持つようになります。

Dieser Mann setzt mit einer Gondel Touristen über.
この男はゴンドラで観光客を渡している。
Ich übersetze den Text.
私がそのテキストを翻訳する。

- mit einer Gondel については前置詞の格支配（第5課§1）を参照。
- Touristen については弱変化名詞（第4課§4）を参照。

文意が通じるように（　）内の動詞を補って文を完成し、和訳しなさい。

① Sie zuerst in Frankfurt und dann in ganz Deutschland. (ankommen / herumreisen)
② Der Kölner Dom die Besucher stark, und sein Innenraum sehr feierlich. (beeindrucken / aussehen)
③ Der Wintereinbruch in Nordjapan den Verkehr. (lahmlegen)
④ Franziska ihrer Kommilitonin ihr Notizheft. (ausleihen)
⑤ Wann und wo das Konzert? (stattfinden)

（　）内の語を参考に下記の会話を完成してください。場面設定は、まもなくライン川を渡ろうとしている列車内。補充発展問題については、未習の文法事項を学習し終えてから挑戦してください。

Gespräch im Zug nach Köln

A: われわれの列車（Zug）はいつ（wann）ケルンに着くん（ankommen）だい。
B: 10時半（um）だよ。あともう（nur noch）5分（Minuten）だ。
A: 列車がいま川（Fluss）を渡る（überqueren）よ。この川はなんて名なんだい。
B: これはライン川（der Rhein）だよ。あのむこうの（dort drüben）ケルン大聖堂（der Kölner Dom）を見て（schauen）みろよ。
A: なんて（wie）高いん（hoch）だ。
B: 157メートルあるんだ。
A: とっても古（alt）そうだ（aussehen）。どれくらい古いの。
B: 750年だよ。大聖堂をあとで見てみようや（besichtigen）。
A: ああ、喜んで。
B: やっと（endlich）ケルンに着いた（sein）ぞ。降りよう（aussteigen）。

補充発展問題

B: 黄昏時（in der Abenddämmerung）のケルン大聖堂が一番だと言われているよ（man sagt）。大聖堂は第二次世界大戦中に（im Zweiten Weltkrieg）爆撃（bombardieren）されなかったんだ。
A: もしも爆弾で破壊されていたならわれわれにとって大きな損失（Verlust）だったろうね。ケルン大聖堂はなにしろ世界文化遺産（Weltkulturerbe）だから。

Lektion 4　名詞の複数形

§1　名詞の複数形

名詞の複数形は、語尾のつけ方により下表の5つのタイプに分けることができます。

	単数形		複数形	
同尾式	das	Theater	die	Theater
	der	Vater	die	V**ä**ter
E式	das	Spiel	die	Spiel**e**
	die	Stadt	die	St**ä**dt**e**
ER式	das	Kind	die	Kind**er**
	das	Land	die	L**ä**nd**er**
[E]N式	die	Schule	die	Schule**n**
	die	Zeitung	die	Zeitung**en**
S式	der	Job	die	Job**s**
	das	Auto	die	Auto**s**

- 同尾式・E式には幹母音a・o・u・auが変音するものがあります。
- ER式では幹母音a・o・u・auは必ず変音します。
- [E]N式では幹母音a・o・u・auは絶対に変音しません。
- S式は英語、フランス語からの外来語です。
- その他、Medium→Medien, Museum→Museenなど特殊な変化をするものがあります。

§2　辞書の表記例

辞書の表記は、見出し語、性、単数2格、複数1格の順になっています。また重要な語については、わかりやすく表にして示されていることがあります。

Baum 男 (m)	-[e]s / Bäume		
Blume 女 (f)	- / -n		
Blatt 中 (n)	-[e]s / Blätter		
⇩	⇩	⇩	⇩
見出し語	性	単数2格	複数1格

格	単数	複数
1	das Kind	die Kinder
2	des Kind(e)s	der Kinder
3	dem Kind	den Kinder**n**
4	das Kind	die Kinder

§3 複数形の格変化

名詞が複数形になると、文法上の性別には関係なく定冠詞は、die, der, den, die になります。また複数3格の名詞のうしろには語尾-nを補います。ただし、N式とS式はつけません。まず定冠詞の格変化について復習してください。そしてその上で複数形の格変化を見てください。

	定冠詞	定冠詞類	不定冠詞類	
1格	die	diese	meine	Kinder
2格	der	dieser	meiner	Kinder
3格	den	diesen	meinen	Kindern
4格	die	diese	meine	Kinder

✎ 複数形では定冠詞、定冠詞類、不定冠詞類が同じ語尾をとります。

Übung macht Spaß

それぞれの名詞の意味と複数形を言いなさい。

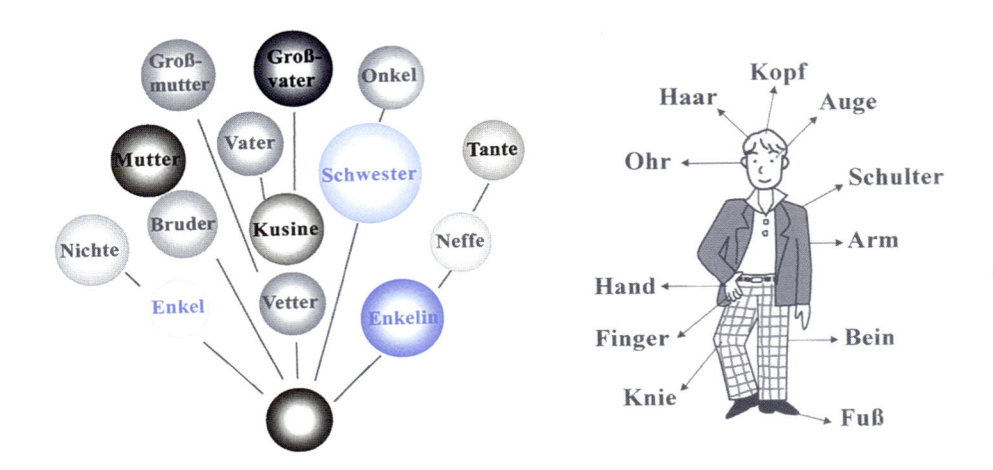

§4　男性弱変化名詞

男性名詞のなかには単数1格以外はすべて語尾-[e]nをつけるものがいくつかあります。このような男性名詞を男性弱変化名詞と言います。

格	単数	複数
1	der Student	die Studenten
2	des Studenten	der Studenten
3	dem Studenten	den Studenten
4	den Studenten	die Studenten

- このほかにも Mensch, Polizist, Kollege, Junge, Herr などよく使われるものがいくつかあります。
- 特殊な変化をするものがあります。辞書の表記に注意しましょう。

Übung macht Spaß

次の文を和訳しなさい。

① Diese Lehrerin weiß die Namen aller Schülerinnen und Schüler auswendig.
② Sie isst sehr gern Süßigkeiten.
③ Wir haben fünf Kinder, drei Söhne und zwei Töchter.
④ Ich kaufe für meine Kollegen Souvenirs.
⑤ Wie alt bist du? － Ich bin acht Jahre alt.

§5 人称代名詞

ここでは人称代名詞の2格、3格、4格を紹介します。

		1人称	2人称	3人称			敬称2人称
単数	1格	ich	du	er	sie	es	Sie
	2格	meiner	deiner	seiner	ihrer	seiner	Ihrer
	3格	mir	dir	ihm	ihr	ihm	Ihnen
	4格	mich	dich	ihn	sie	es	Sie
複数	1格	wir	ihr	sie			Sie
	2格	unser	euer	ihrer			Ihrer
	3格	uns	euch	ihnen			Ihnen
	4格	uns	euch	sie			Sie

> 人称代名詞の2格には原則として所有の意味はありません。人称代名詞の2格は、2格目的語を必要とする形容詞、動詞、前置詞の目的語として用いられます。所有を表すことばとしては所有冠詞（所有形容詞）があります。第2課§4を復習。

Dieser Mann ist ihrer nicht würdig.
この男は彼女にふさわしくない。
Wir bedürfen Ihrer nach wie vor.
私たちはこれまで同様にこれからもあなたを必要と致しております。

人称代名詞3格、4格の例
　Ich danke ihm herzlich.　　私は彼にこころから感謝している。
　Kennst du ihn nicht?　　君は彼を知らないかい。

Übung macht Spaß

（　）内の人称代名詞を適当な格に改めて下線部を補い、和訳しなさい。

① Ich helfe _____. Er hilft _____. (er / ich)
② Er schenkt _____ ein Halsband. _____ gefällt _____ sehr gut. (sie / es)
③ Wir stellen _____ unsere Freunde vor. (ihr)
④ Ich rufe _____ morgen noch einmal an. (Sie)
⑤ Sie liebt _____ und denkt immer an ihn. (er)

www-surfen

Lektion 5　前置詞

§1　前置詞の格支配

英語で「彼といっしょに」と言えばwith himです。また「彼のために」と言えばfor himです。ところが、ドイツ語で言えば、mit ihm, für ihn というぐあいになります。つまりドイツ語では、前置詞は後ろに来る名詞や代名詞に対して特定の格を要求するわけです。これを前置詞の格支配と言います。前置詞の格支配には、2格支配、3格支配、4格支配、それに3・4格支配の4種類があります。ではまず、2格支配の前置詞の紹介からはじめることにしましょう。

2格支配の前置詞

statt	trotz	während	wegen
…の代わりに	…にもかかわらず	…の間ずっと	…のために

usw.

Trotz des Gewitters marschieren wir weiter.
雷雨にもかかわらず私たちは行進し続ける。

Während der Sommerferien wohnt ihre Familie in Spanien.
彼女の家族は夏期休暇の間ずっとスペインに滞在している。

3格支配の前置詞

aus	bei	mit	nach
…の中から	…のもとで	…とともに	…の後に、…方へ
seit	**von**	**zu**	
…以来	…の、…から	…のところへ	

usw.

Er kommt mit ihr aus dem Museum.
彼は彼女とともに博物館の中から外に出てくる。
Ich komme morgen nach der Uni bei dir vorbei.
あす大学の後で君のところに立ち寄るよ。

4格支配の前置詞

bis	durch	für	gegen
…まで	…を通って	…のために	…に対して
ohne	**um**		
…なしに	…のまわりに		

usw.

Für sie tut er alles.　彼女のためなら彼はなんでもする。
Ich habe nichts gegen ihn.　私は彼になんの文句もない。

3・4格支配の前置詞

an	auf	hinter	in
…のきわで(へ)	…の上で(へ)	…のうしろで(へ)	…の中で(へ)
neben	**über**	**unter**	**vor**
…の横で(へ)	…の上方で(へ)	…の下で(へ)	…の前で(へ)
zwischen			
…の間で(へ)			

> 上記の9個の前置詞は、静止または動作の場所を表すときには3格目的語を、他方、動作や運動の方向を表すときには4格目的語をとります。

Ich stelle eine Vase auf den Schreibtisch. Die Vase steht nun auf dem Schreibtisch.
私は机の上に花瓶を置く。その花瓶はいま机の上にある。
Ich stelle eine Rose in die Vase. Die Rose steht nun in der Vase.
私はその花瓶に一輪のバラを生ける。そのバラはいまその花瓶に生けられている。

§2 前置詞と定冠詞の融合形

① Ich gehe oft in das Kino.
② Ich gehe oft ins Kino.

①のように言えば、名詞「映画館」のまえに定冠詞があるために、定冠詞が持つ指示的な意味が生かされて、「私はよくその映画館へ出かける」という意味になります。ところが、単に「私はよく映画を見に行く」と言う場合には、定冠詞が持つ「その」という指示的な意味が弱まり、それゆえに②のように前置詞と定冠詞の融合が用いられます。なお、前置詞と定冠詞の融合形は、このように慣用的表現によくみられます。

> **前置詞と定冠詞の融合形**
>
> an dem → am　　in dem → im　　zu dem → zum
> zu der → zur
> an das → ans　　auf das → aufs　　in das → ins
> 　　　　　　　　　　　　　　　　　　　　　usw.

ほかにも例を挙げておきましょう。
Heute lade ich dich zum Abendessen ein.
きょう君に夕食をおごるよ。
Ich fahre am Wochenende aufs Land.
私は週末に田舎へ行きます。

Übung macht Spaß

下線部に適当な語尾を補って和訳しなさい。

① Wegen d___ Erkältung geht er heute zum Arzt.
② Seit ein___ Woche ist sie mit ihr___ Freundinnen unterwegs.

③ Die Donau kommt aus d___ Schwarzwald in Deutschland und fließt durch d___ Stadt Wien und mündet zum Schluss ins Schwarze Meer.
④ In d___ Mittagspause geht er in d___ Bibliothek und liest dort Zeitschriften.
⑤ Die Aussicht vom Philosophenweg über d___ Neckar auf d___ Altstadt und d___ Heidelberger Schloss ist wunderbar.

§3 前置詞と人称代名詞の融合形

前置詞と事物を受ける人称代名詞とが結びつくときには、da(r)- + 前置詞の形になります。dar- になるのは、前置詞が母音で始まる場合です。

Sie hat einen VW. Sie fährt jeden Tag damit ins Büro.
彼女はフォルクスヴァーゲンを持っている。彼女は毎日それで通勤している。

Ich habe noch ein Seminar.
Es ist sehr interessant. Erst danach komme ich.
まだもうひとつゼミがあるんだ。
それはとてもおもしろくてね。それが終わりしだい行くよ。

※人称代名詞が人物を受けるときには da(r)- + 前置詞の形にはなりません。
Sie hat einen Freund. （誤）Sie fährt morgen damit ans Meer.
　　　　　　　　　　　（正）Sie fährt morgen mit ihm ans Meer.
　　　　　　　　　　　　　　彼女は明日彼と海辺へ行く。

§4　前置詞と疑問代名詞 was の融合形

前置詞と疑問代名詞 was とが結びつくときには、wo(r)-＋前置詞の形になります。wor-になるのは、前置詞が母音で始まる場合です。

Wonach sucht er denn? － Das weiß ich nicht.
彼はいったい何をさがし求めているんだい。　私は何も知らないよ。
Worauf warten Sie? － Ich warte auf den Bus.
あなたは何を待っておられるのですか。　私はバスを待っております。

※前置詞と疑問代名詞 wer (wessen, wem, wen) とが結びつくときには、wo(r)-＋前置詞の形にはなりません。たとえば、「あなたはここでいったい誰を待っているのですか」と訊ねるときには、次のようになります。
（正）Auf wen warten Sie denn hier?
（誤）Worauf warten Sie denn hier?

§5　前置詞＋動詞または形容詞によるイディオム

特定の前置詞と結びつきイディオムを作る動詞や形容詞があります。独和辞典でイディオムを調べるとき、辞書によっては英和辞典と表記方法が異なるために少々手こずることもあります。例文などを注意して見るようにしましょう。

Während der Sommerferien nehme ich an einem Sprachkurs in Deutschland teil.
私は夏休みの間はずっとドイツでの語学講座に参加しています。
　🖉　辞書にはたとえば、「teilnehmen:【an 事³～】（事³に）参加する」というふうに記されています。

Sie ist von ihrem Mann finanziell unabhängig und stolz auf ihre Arbeit.

彼女は彼女の夫から経済的に自立していて自分の仕事に誇りを持っています。
- 辞書にはたとえば、「unabhängig: von 人・物³ unabhängig sein 人・物³から独立している」、「stolz: auf 人・物⁴ stolz sein 人・物⁴を誇りに思っている」、というふうに記されています。

文意が通るように（　）内に適当な前置詞を補って和訳しなさい。

① Ich danke Ihnen herzlich (　　　) Ihre Hilfe.
② Ich bitte dich (　　　) Entschuldigung (　　　) meine Schreibfaulheit.
③ Er hält diesen Politiker (　　) einen Betrüger.
④ Das Rathaus ist (　　) sein Glockenspiel sehr bekannt.
⑤ Wir sind alle (　　) unserer Wohnung ganz zufrieden.

An der Nordsee liegt ein Städtchen. Es heißt Husum. Es ist der Geburtsort von Theodor Storm. In dem Gedicht „Die Stadt" stellt er uns seine Heimatstadt vor.

Theodor Storm
Die Stadt

Am grauen Strand, am grauen Meer
Und seitab liegt die Stadt;
Der Nebel drückt die Dächer schwer,
Und durch die Stille braust das Meer
Eintönig um die Stadt.

Es rauscht kein Wald, es schlägt im Mai
Kein Vogel ohn' Unterlaß;
Die Wandergans mit hartem Schrei
Nur fliegt in Herbstesnacht vorbei,
Am Strande weht das Gras.

Doch hängt mein ganzes Herz an dir,
Du graue Stadt am Meer;
Der Jugend Zauber für und für
Ruht lächelnd doch auf dir, auf dir,
Du graue Stadt am Meer.

Lektion 6 再帰代名詞・非人称のes・不定代名詞・疑問代名詞

§1　再帰代名詞

再帰代名詞とは、主語と同一の関係にあり、「自分自身に」・「自分自身を」を意味する代名詞（3格・4格）のことを言います。ただしこの場合、主語が1人称・親称2人称のときには人称代名詞が代用され、3人称および敬称2人称ではsichという特別な形態のものが用いられます。

		1人称	親称2人称	3人称			敬称2人称
単数	1格	ich	du	er	sie	es	Sie
	3格	mir	dir	sich	sich	sich	sich
	4格	mich	dich	sich	sich	sich	sich
複数	1格	wir	ihr		sie		Sie
	3格	uns	euch		sich		sich
	4格	uns	euch		sich		sich

Ich sehe mir bei der Arbeit zu.
私は自分の仕事ぶりを見る。
Erinnerst du dich an sie?
君は彼女のことを覚えていますか。
Sie interessiert sich für Hermann Hesse.
彼女はヘルマン・ヘッセに興味を持っている。

§2　再帰動詞

再帰動詞とは、再帰代名詞を目的語にとり、ひとつのまとまった意味を持つ動詞のことです。

Ich stelle mir alles ganz anders vor.
すべてはまったく別だと私は思います。

✎ vorstellen: sich⁺³ + 事⁺⁴〜「ある事を思い浮かべる」 なお、vorは分離動詞の前綴り。

Ich freue mich schon sehr auf Ihren Besuch.
私はあなたのお越しを今からとても楽しみにしております。

✎ freuen: sich+auf⁺⁴〜「ある事を楽しみにしている」

§3 再帰代名詞のその他の用法

（1）所有や獲得を表す

Meine Kinder waschen sich vor dem Essen die Hände.
私の子どもたちは食事の前に手を洗います。

Nächstes Jahr bauen wir uns ein Haus.
来年、私たちは自分たちの家を建てます。

（2）受動的表現になる

Die Geschichte wiederholt sich.
歴史は繰り返される。

Das Buch liest sich leicht.
この本は読みやすい。

（3）主語が特に複数のときには「互いに」という意味になる

Wir treffen uns heute in der Mensa.
私たちは今日、学生食堂で出会います。

Sie küssen sich zum Abschied.
彼らは別れのキスをする。

Übung macht Spaß

下線部の空所に適当な再帰代名詞を補って和訳しなさい。

① Wir unterhalten ＿＿＿ im Café über den Ausflug ins Grüne.

② Ich bedanke _____ bei Ihnen für die Einladung.
③ Stell _____ nicht so dumm an!
④ Die Grippewelle breitet _____ weiter aus.
⑤ In Deutschland streitet man _____ heftig über den Atomausstieg.
　　🖉 Atomausstiegは脱原子力のこと

§4　非人称動詞と非人称のes

動詞の中には主語をとりえないものがあります。たとえばschneien、これは「雪が降る」という意味の動詞です。schwindeln、これは「めまいがする」という意味です。後者の場合は、人にめまいを起こさせるもの（主体）がはっきりしないために、人称主語をとることができません。主語をとることができないこうした動詞を非人称動詞と言います。しかし、非人称動詞も文法上、主語なしではすまされません。そこで漠然としたesが主語として用いられます。このesには人称代名詞としての具体的な「それ」という意味はありません。非人称動詞の主語として用いられるこのesは非人称のesと呼ばれます。非人称動詞には主に、自然現象および生理・心理現象を表すものがあります。

(1) 自然現象を表すもの
　　Heute regnet es sehr stark.
　　今日はとても激しく雨が降っている。
　　Es schneit schon in den Bergen.
　　山ではもう雪が降っている。
　　Wie spät ist es?
　　何時ですか。
　　Es wird dunkel.
　　暗くなる。
　　🖉 seinやwerdenも非人称動詞として用いられることがあります。

(2) 生理・心理現象を表すもの

Es ist mir kalt. ⇔ Mir ist kalt.
私は寒い。
Es friert mich an den Füßen. ⇔ Mich friert an den Füßen.
私は足が冷える。
Es graut mir vor dem Mann. ⇔ Mir graut vor dem Mann.
私はその男が怖い。

🖉 生理・心理現象を表す場合、非人称のesは文頭以外では省略されます。

§5 人称動詞の非人称化

行為の主体が不明瞭なとき、非人称のesを用いることで人称動詞の非人称化が行われます。

Es klopft an die Tür. ドアをノックする音がする。
Es gefällt mir hier gut. 私はここが気に入りました。

§6 非人称熟語

次のような表現がよく使われます。

Es gibt + 4格：…がある、…が起こる
Gibt es hier in der Nähe eine Bushaltestelle?
この近くにバス停はありますか。
Wie geht es Ihnen? ― Danke, es geht mir gut.
お元気ですか。 ありがとう、元気です。

es handelt sich um[+4]：…が問題である
Worum handelt es sich denn? いったい何が問題なのですか。
― Es handelt sich um die Überalterung der Gesellschaft.
社会の高齢化が問題なのです。

es kommt auf⁺⁴ … an: …次第である
Es kommt aufs Wetter an.
天気次第である。

§7　主な不定代名詞と疑問代名詞

	ある人	誰も…ない	人	誰か	誰も…ない
1格	einer	keiner	man	jemand	niemand
2格	eines	keines	eines	jemand[e]s	niemand[e]s
3格	einem	keinem	einem	jemand[em]	niemand[em]
4格	einen	keinen	einen	jemand[en]	niemand[en]

	誰	すべての物	何
1格	wer	alles	was
2格	wessen	alles	—
3格	wem	allem	—
4格	wen	alles	was

> man は人称代名詞 er で受けることができません。男性名詞の Mann と混同しないように。ただし、所有冠詞は sein を用います。

Nicht alles ist einem möglich.
万事が可能というわけではない。

Einer (Eine) von ihnen ist gegen dich.
彼らのうちの一人が君の意見に反対なのだ。

> 不定代名詞 einer は他に女性変化（eine/einer/einer/eine）と中性変化（ein[e]s/eines/einem/ein[e]s）があります。

Jedermanns Freund ist niemands Freund.
八方美人頼むに足らず。

Wer lädt dich heute zum Essen ein?
だれが今日君を食事に招待したの。

Wessen Auto ist das?
これはだれの車ですか。

Mit wem gehst du ins Kino?
君はだれと映画を見に行くの。
Auf wen wartet ihr denn?
君たちはいったいだれを待っているの。
Was ist denn los?　いったい何が起こったの。
Was machst du da?　君はそこで何しているの。

☆ちょっと注意が必要なwas für ein「どんな種類の」・「なんと…な」

Was für einen Hund hast du? ⇔ Was hast du für einen Hund?
君はどんな種類の犬を飼っているの。
🖉　wasとfür einがわかれることがあります。
Was für ein interessantes Buch ist das!
これはなんておもしろい本だ。
🖉　ein interessantes Buchは第7課の形容詞の混合変化を参照。
🖉　Buchが複数になれば不特定多数の無冠詞となり、下記のようになります。なお、動詞seinは、複数である述語名詞に呼応して、sindになります。第12課§1紹介のdasを参照。
Was für interessante Bücher sind das!

次の文を和訳しなさい。

① In der Nacht zum Montag ist es meist stark bewölkt. Gebietsweise fällt Schnee.
② Heute gibt es ein Fußballspiel zwischen Hansa Rostock und FC Bayern. Wie steht's denn jetzt?
③ Es geht um die Würde des Menschen.
④ Wim Wenders ist einer der welt-bekannten deutschen Filmemacher.

⑤ Worüber freut er sich so sehr? — Er freut sich über seine erfolgreiche Prüfung.

www-surfen

ヘルマン・ヘッセのとても有名な初期の詩『霧の中』を読んでみましょう。

Hermann Hesse
Im Nebel

Seltsam, im Nebel zu wandern!
Einsam ist jeder Busch und Stein,
Kein Baum sieht den andern,
Jeder ist allein.

Voll von Freunden war mir die Welt,
Als noch mein Leben licht war;
Nun, da der Nebel fällt,
Ist keiner mehr sichtbar.

Wahrlich, keiner ist weise,
Der nicht das Dunkel kennt,
Das unentrinnbar und leise
Von allen ihn trennt.

Seltsam, im Nebel zu wandern!
Leben ist Einsamsein.
Kein Mensch kennt den andern,
Jeder ist allein.

Lektion 7 形容詞と副詞

§1 形容詞の用法

形容詞には次の3つの用法があります。
- ①述語的用法　　Sie ist fleißig.
　　　　　　　　彼女は勤勉だ。
- ②副詞的用法　　Sie arbeitet fleißig.
　　　　　　　　彼女はよく働く。
- ③付加語的用法　Sie ist eine fleißige Computerprogrammiererin.
　　　　　　　　彼女は仕事熱心なコンピュータプログラマーだ。

形容詞は、②のように、そのままの形で副詞として用いられます。また③のように付加語として名詞のまえに置かれれば、その名詞の性・格・数に応じて語尾がつきます。語尾のつけ方には、強変化、弱変化、混合変化と呼ばれる3つのつけ方があります。

§2 形容詞の格変化

(1) 強変化：　形容詞＋名詞

形容詞のまえに冠詞や冠詞類の語がない場合、形容詞は、名詞の性・格・数を明示するという役割を担うために、強く変化します。
まず、この役割を担っていた定冠詞類について復習しておきましょう。

	男性名詞	女性名詞	中性名詞
1格	guter Wein	gute Milch	gutes Bier
2格	guten Wein(e)s	guter Milch	guten Bier(e)s
3格	gutem Wein	guter Milch	gutem Bier
4格	guten Wein	gute Milch	gutes Bier

	複数形
1格	gute Leute
2格	guter Leute
3格	guten Leuten
4格	gute Leute

- 形容詞の強変化は非常に複雑な変化をしているかのように見えますが、実は、dieser型の語尾変化とほぼ同じです。男性および中性の2格の語尾が -en になるだけです。
- ただし男性弱変化名詞の場合には、単数2格で語尾-esをとらないために、形容詞の語尾が-enではなく-esになります。

(2) 弱変化： 定冠詞［類］＋形容詞＋名詞

名詞の性・格・数を明示する働きを持つ定冠詞［類］の語が形容詞のまえにある場合には、形容詞に補助的な語尾がつきます。

	男性名詞	女性名詞
1格	dieser gute Wein	diese gute Milch
2格	dieses guten Wein(e)s	dieser guten Milch
3格	diesem guten Wein	dieser guten Milch
4格	diesen guten Wein	diese gute Milch
	中性名詞	複数形
1格	dieses gute Bier	diese guten Leute
2格	dieses guten Bier(e)s	dieser guten Leute
3格	diesem guten Bier	diesen guten Leuten
4格	dieses gute Bier	diese guten Leute

- 形容詞の弱変化は、男性1格、女性1・4格、中性1・4格で語尾が-eになります。他はすべて-enになります。

(3) 混合変化： 不定冠詞［類］＋形容詞＋名詞

形容詞のまえに不定冠詞［類］がある場合には、男性1格、中性1・4格でこれが無語尾になるために、形容詞の語尾は、名詞の性・格・数を明示する強変化語尾をとることになります。

	男性名詞		女性名詞		
1格	mein	guter Vater	meine	gute	Mutter
2格	meines	guten Vaters	meiner	guten	Mutter
3格	meinem	guten Vater	meiner	guten	Mutter
4格	meinen	guten Vater	meine	gute	Mutter

	中性名詞		複数形		
1格	mein	gutes Kind	meine	guten	Kinder
2格	meines	guten Kind(e)s	meiner	guten	Kinder
3格	meinem	guten Kind	meinen	guten	Kindern
4格	mein	gutes Kind	meine	guten	Kinder

§3 形容詞の名詞化

形容詞は頭文字を大書して名詞化することができます。ただし、名詞化した形容詞にも語尾がつきます。語尾のつけ方は、付加語的用法の場合と同じです。男性・女性・複数で名詞化すればその性質を持つ「人」を、また中性（単数）で名詞化すればその性質を持つ「物・事柄」を表します。

	男性名詞	女性名詞	中性名詞	複数形
	よい男の人	よい女の人	よい事・物	よい人たち
1格	der Gute	die Gute	das Gute	die Guten
	病気の男の人	病気の女の人		病気の人たち
1格	ein Kranker	eine Kranke		Kranke
			何か目新しい事・物	
1格			etwas Neues	
			何も目新しい事・物はない	
1格			nichts Neues	

 etwas Neues は英語の something new に、また nichts Neues は nothing new にあたります。

Übung macht Spaß

【1】 格変化させなさい。

① 1格　frisch___ Luft　② kalt___ Wasser　③ der geschädigt___ Wald
　 2格　_____　_____　_____
　 3格　_____　_____　_____
　 4格　_____　_____　_____

④ 1格　ein unbekannt___ Täter　⑤ viel___ Verletzt___
　 2格　_____　_____
　 3格　_____　_____
　 4格　_____　_____

- geschädigt は「傷つけられた」という意味。
- ⑤は複数形で。

【2】下線部の空所に適当な語尾を補って和訳しなさい。

① Salzburg ist eine schön___ Stadt und heißt auch Mozartstadt, denn Salzburg ist die Geburtsstadt dieses groß___ Komponisten des achtzehn___ Jahrhunderts. Sein Geburtshaus steht noch immer. Jedes Jahr kommen viel___ Touristen aus aller Welt.
② Salzburg ist auch der Schauplatz des weltbekannt___ Films „Sound of Music" und hat viel___ historisch___ und kulturell___ Sehenswürdigkeiten.
③ Die Festung Hohensalzburg hat eine herrlich___ Aussicht über die blau___ Salzach und über die ganz___ Stadt.
④ Das romantisch___ Salzkammergut ist nicht so weit entfernt von dieser Stadt. Es ist ein beliebt___ Ausflugsziel in Österreich.

⑤ Dort genießt man die wunderbar___ Schafbergbahn und die traumhaft___ Schifffahrt auf dem Wolfgangsee.
   🖉 Salzachはザルツブルクの旧市街地区と新市街地区との間を流れる川の名前。

§4　形容詞と副詞の比較表現

(1) 規則変化をする形容詞の比較級と最上級

比較級および最上級は一般に、原級に-er, -stをつけて作ります。ただし、発音上の問題がいくつかあります。注を参照してください。

原　級		比較級	最上級
billig	安い	billiger	billigst
schnell	速い	schneller	schnellst
dunkel	暗い	dunkler	dunkelst
teuer	高価な	teurer	teuerst
trocken	乾いた	trockner	trockenst
heiß	あつい	heißer	heißest
mild	穏やかな	milder	mildest
weit	遠い	weiter	weitest
neu	新しい	neuer	neuest
alt	年とった	älter	ältest
jung	若い	jünger	jüngst

🖉 原級が -en, -erに終わるものは、比較級になるとよくeが省略され、-e, -elに終わるものはeが必ず省かれます。
🖉 原級が -d, -tや、-sch, -s, -z、および母音に終わるものは、最上級になると〈口調上のe〉が入り、-estになります。
🖉 一音節の形容詞では、比較級・最上級になると幹母音a, o, uが変音するものが多くあります。

(2) 不規則変化をする形容詞の比較級と最上級

原　級		比較級	最上級
gut	よい	besser	best
groß	大きい	größer	größt
hoch	高い	höher	höchst
nah[e]	近い	näher	nächst
viel	多くの	mehr	meist

(3) 比較級・最上級の付加語的用法

比較級・最上級も名詞を修飾すれば語尾がつきます。

　　ein kleines Zimmer → ein kleineres Zimmer
　　狭い部屋　　　　　　　より狭い部屋
　　das kleine Zimmer → das kleinste Zimmer
　　その狭い部屋　　　　　いちばん狭い部屋

(4) 述語的用法

　原級による比較

　　Lisa ist so groß wie Julia.
　　リーザはユリア同様に背が高い。
　　Lisa ist ebenso groß wie Julia.
　　リーザはユリアとちょうど同じ背の高さです。
　　Lisa ist nicht so groß wie Julia.
　　リーザはユリアほど背が高くない。

　比較級による比較

　　Meine Heimatstadt ist viel attraktiver als diese Stadt.
　　私の故郷の町はこの町よりもずっと魅力的です。
　　Gentechnologie ist für mich interessanter als Informatik.
　　情報処理学よりも遺伝子工学に私は興味があります。

最上級による比較

Dieser Zug ist der schnellste in Deutschland.
この列車はドイツでいちばん早い列車です。
Marie ist die fleißigste in der Klasse.
マリーがクラスでいちばん勤勉です。
Dieses Hochhaus ist das höchste in der Welt.
この高層ビルが世界でもっとも高いビルです。
Der Kölner Dom ist im Abendrot am schönsten.
ケルンの大聖堂は夕日に映えるときがもっとも美しい。
Der Verkehr auf dieser Straße ist freitagsabends am dichtesten.
この通りの交通は金曜日の夕方がもっとも混雑します。

- 同類物中の最高を表すときには der —ste, die —ste, das —ste という形になります。ただし、これは1格で、語尾 -e は形容詞の弱変化語尾です。また、am —sten の形もよく用いられます。
- 同一物のある一定条件下での最高を表すときには am —sten の形になります。語尾 -en は形容詞弱変化中性3格です。

(5) 比較級・最上級の副詞的用法

Der IC fährt schnell.
IC は速く走る。
Der ICE fährt schneller als der IC.
ICE は IC よりも速く走る。
Aber der Transrapid fährt am schnellsten.
でも、トランスラピートがいちばん速く走る。

- 副詞的用法の最上級は am —sten の形になります。
- IC は Intercity-Zug のこと。ICE は Intercity Expresszug のことでいわゆるドイツの新幹線。エシェデで起こった大惨事は記憶に新しいところです。

> トランスラピートはドイツで開発中のリニアモーターカーで、建設については賛否両論あります。

(6) 副詞の比較変化

| **gern** 好んで | lieber | am liebsten |

Michael trinkt gern starken Kaffee.
ミヒャエルは濃いコーヒーを好んで飲みます。
Philipp trinkt lieber Bier als starken Kaffee.
フィリップは濃いコーヒーよりもビールを好んで飲みます。
Aber ich trinke am liebsten Wein.
しかし私はワインをもっとも好んで飲みます。

(7) 絶対的比較級と絶対的最上級

他者との比較が問題にはならない比較級および最上級を絶対的比較級、絶対的最上級と言い、前者は「かなり…」、後者は「きわめて…」という意味を持ちます。

Ein älterer Mann liest ein Buch auf einer Bank.
中年の男がベンチに腰掛けて本を読んでいる。
Diese Arbeit verlangt größte Vorsicht.
この仕事は細心の注意を要求する。
Der Arzt verbietet mir Alkohol aufs strengste.
医者は私に飲酒を厳禁している。

(8) その他の大切な表現

☆ immer + 比較級「ますます…」・「だんだん…」
Der Weg zurück wird für sie immer schwieriger.
彼女のカムバックはますます難しくなっている。

☆ je + 比較級…, desto(umso) + 比較級…「…であればあるほ

ど、ますます…である」

Je mehr man Informationen sammelt, desto süchtiger wird man danach.

情報は収集すればするほどそれに飢えるようになる。

Übung macht Spaß

つぎの各文を和訳しなさい。

① Macht er alles besser als du?
② Man fordert jetzt so dringend wie nie zuvor eine bessere Sicherung der Grenzen.
③ Immer mehr Kinder erkranken in Japan an Grippe.
④ Eine Serie von Brandanschlägen versetzt die Bewohner in immer größere Angst.
⑤ Je länger die Polizei die Ursachen dieses Autounfalls ermittelt, desto mysteriöser wird er.

www-surfen

次の質問に答えてください。

① Welcher Berg ist der höchste in Deutschland?
② Welcher Fluss ist der längste in Deutschland?
③ Welches Nachbarland hat die längste Grenze mit Deutschland?

☆ 上で問題になった山、川、隣国の名前（すべて）を地図に記入してまとめておきましょう。

L7/§1 2 3 4 w   **47**

Lektion 8 　語法の助動詞・zu 不定詞・副文

§1　話法の助動詞

話法の助動詞とは、本動詞が表す事柄に可能、必然、推測などさまざまなニュアンスを添える助動詞のことです。この助動詞は6つあり、下表に見るように人称変化します。

不定詞	können	müssen	wollen	sollen	dürfen	mögen	
	～できる ～でありうる	～ねばならない ～に違いない	～したい	～すべきだ ～だそうだ	～してもよい	～かも知れない ～が好きだ	～したい
ich	kann	muss	will	soll	darf	mag	möchte
du	kannst	musst	willst	sollst	darfst	magst	möchtest
er	kann	muss	will	soll	darf	mag	möchte
wir	können	müssen	wollen	sollen	dürfen	mögen	möchten
ihr	könnt	müsst	wollt	sollt	dürft	mögt	möchtet
sie	können	müssen	wollen	sollen	dürfen	mögen	möchten

- 話法の助動詞は単数1・2・3人称で固有の人称変化を行います。現在人称変化を復習しておきましょう。
- möchte は控えめに「…したい」というときに用いられます。これは mögen の接続法第2式（第13課§2）の形態です。日常会話であまりにもよく用いられるものであるので、あえてここで紹介しました。覚えてしまってください。

§2　助動詞構文

ドイツ語では主文内で助動詞が用いられれば、これとペアになる動詞は文末に置かれます。助動詞と動詞とによって他の文成分が挟み込まれるこの文構造をわく構造と言います。助動詞構文の語順についてみるまえにまず、既習事項のドイツ語の配語法(1)を復習してください。

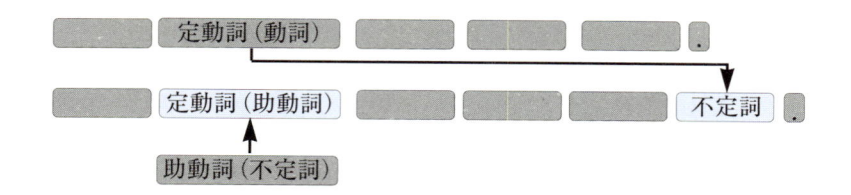

```
┌────┐ ┌─────────┐ ┌────┐ ┌────┐ ┌────┐ ┌───┐
│    │ │定動詞(動詞)│ │    │ │    │ │    │ │ . │
└────┘ └─────────┘ └────┘ └────┘ └────┘ └───┘
┌────┐ ┌──────────┐ ┌────┐ ┌────┐ ┌────┐ ┌─────┐ ┌───┐
│    │ │定動詞(助動詞)│ │    │ │    │ │    │ │不定詞│ │ . │
└────┘ └──────────┘ └────┘ └────┘ └────┘ └─────┘ └───┘
       ┌──────────┐
       │助動詞(不定詞)│
       └──────────┘
```

第6課の例文を用いて具体的に助動詞構文について見てみましょう。

Meine Kinder waschen sich vor dem Essen die Hände.
Meine Kinder müssen sich vor dem Essen die Hände waschen.

Nächstes Jahr bauen wir uns ein Haus.
Nächstes Jahr möchten wir uns ein Haus bauen.

その他の例

Morgen kann es Regen geben.
明日は雨かも知れない。
Sein Rücktritt muss wahr sein.
彼の辞任は本当にちがいない。
Sie will Recht haben.
彼女は自分が正しいと主張している。
Soll ich das Fenster aufmachen?
窓を開けましょうか。
Darf ich hier fotografieren?
ここで写真を撮ってもよろしいでしょうか。
Ich möchte das Gepäck abgeben.
荷物を預けたいのですが。

§3 話法の助動詞の独立動詞化

話法の助動詞は、動詞を言い添えずにそれだけで意味が自明であるときには、独立動詞として用いることができます。

Ich kann nichts dafür.
それは私にはどうしようもありません。
Ich muss sofort nach Haus.
私はすぐに帰宅しなければなりません。
Ich mag kein Fleisch.
私は肉が嫌いです。

§4 話法の助動詞に準ずる動詞

使役動詞や知覚動詞もまた、話法の助動詞同様にわく構造をつくり、文末に不定詞をとります。

Er lässt sich seine Enttäuschung nicht anmerken.
彼は失望していることを悟らせない。
Hörst du die Hunde in der Ferne heulen?
遠くで犬が吠えているのが聞こえるかい。

Übung macht Spaß

（　）内の話法の助動詞を用いて各文を書き換え和訳しなさい。

① Seine Tochter spielt sehr gut Klavier.　(können)
② Er holt mich vom Bahnhof ab.　(sollen)
③ Man raucht nicht in öffentlichen Gebäuden.　(dürfen)
④ Wir warnen immer vor der Gefahr der Abstumpfung beim Erinnern an unserer Vergangenheit.　(müssen)
⑤ Diskutieren wir darüber morgen weiter?　(wollen)

§5 zu 不定詞

不定詞とは、主語を持たずに動作や状態を表す動詞の形のことを言います。たとえば、先に見た助動詞構文のなかで文末に置かれている語が不定詞です。また、この不定詞から助動詞（定動詞）までの文成分の集まりを不定詞句と言います。そしてこの句内の不定詞の前に前置詞 zu をつけたものを zu 不定詞句と呼びます。助動詞構文の説明図を用いて図示すれば次のようになります。

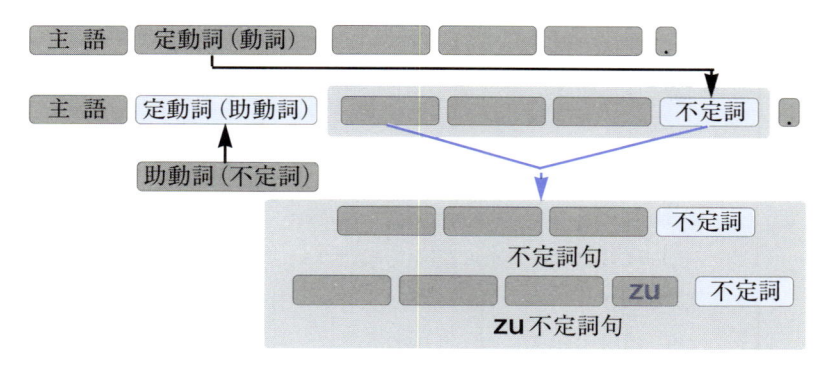

ただし、分離動詞の zu 不定詞は、前綴りと基礎動詞の間に zu を挿入します。たとえば、aufstehen「起床する」は aufzustehen になります。そこでまとめると以下のようになります。

不定詞　　　: waschen　　　※ aufstehen
zu 不定詞　　: zu waschen　　※ aufzustehen
不定詞句　　: sich vor dem Essen die Hände waschen
zu 不定詞句: sich vor dem Essen die Hände zu waschen

§6 zu 不定詞句の用法

zu 不定詞句は、英語同様にドイツ語でも、主語になったり目的語になったり、また名詞や形容詞を規定したりします。英語の it … to 構文にあたる es … zu 構文もよく用いられます。ただしドイツ語の場合、zu 不定詞が最後に来ます。文中のコンマは、省略することもできます。

(1) 主語として
　　Einmal ein neues Haus zu bauen ist sein Traum.
　　いつか家を新築することが彼の夢です。
　　Es ist sein Traum, einmal ein neues Haus zu bauen.

(2) 目的語として
　　Ich verspreche dir, morgen bei dir vorbeizukommen.
　　あした君のところに立ち寄ることを約束する。
　　Er hat vor, während der Semesterferien seinen alten Freund in Berlin zu besuchen.
　　彼は学期休みの間にベルリンに級友を訪ねる計画をしている。

(3) 名詞の付加語として
　　Ich habe keine Zeit, mit euch spazierenzufahren.
　　私には君たちとドライブする暇はない。
　　Unsere Kinder haben die Gewohnheit, sich vor dem Essen die Hände zu waschen.
　　私たちの子どもは食事のまえに手を洗うことを習慣にしている。

(4) 形容詞の目的語として
　　Ich bin gerne bereit, Ihnen zu helfen.
　　よろこんであなたをお助けいたします。
　　Ich bin sehr froh, diesen schönen Tag mit Ihnen zu verbringen.
　　あなたとすてきな一日を過ごせることをとてもうれしく思っております。

(5) **da[r]**＋前置詞の融合形と結びついて
　　Es liegt ihm viel daran, den Plan zu verwirklichen.
　　彼にとってはその計画を実現することがとても重要である。
　　Ich freue mich sehr darauf, Sie kennenzulernen.
　　あなたと知り合いになれることをとても楽しみにしております。

(6) haben + zu不定詞と sein + zu不定詞

　　haben + zu不定詞は「…しなければならない」、sein + zu不定詞は「…されうる」「…されなければならない」という意味です。ただしこれらの場合、zu不定詞句はコンマで区切られはしません。

　　Die Industrieländer haben ihren Ausstoß von Treibhausgasen zu verringern.
　　工業国は温室効果ガスの排出量を減らさなければならない。
　　Dieses Ziel ist schwer zu erreichen.
　　この目標は達成しがたい。

(7) um + … + zu不定詞、ohne + … + zu不定詞、statt + … + zu不定詞

　　um + … + zu不定詞は「…するために」、ohne + … + zu不定詞は「…することなしに」、そしてstatt + … + zu不定詞は「…するかわりに」という意味です。

　　Sie sucht einen Job, um ihr Studium zu finanzieren.
　　彼女は学費を得るためにアルバイトをさがしている。
　　Sie geht wieder an die Arbeit, ohne weiter zu quatschen.
　　彼女はおしゃべりを続けていないでふたたび仕事に取りかかる。
　　Ich möchte lieber zu Hause bleiben, statt mit euch in die Stadt zu fahren.
　　私は君たちと町へ出かけるよりもむしろ家にいたい。

次の文を和訳しなさい。

① Es ist uns fast unmöglich, pünktlich in Koblenz anzukommen.

② Du brauchst es ihr nicht zu sagen.
③ Das Schloss ist auch zu Fuß zu erreichen.
④ Man muss im Tourismus umdenken, um die Umwelt mehr zu schützen.
⑤ Die Schattenseiten des Tourismus sollen mit der Lawinenkatastrophe in Österreich viel zu tun haben.

§7 ドイツ語の配語法（2）

ドイツ語の配語法(1)ではわく構造および定動詞倒置（定動詞第2位の原則）について学びましたが、ここでは従属接続詞に導かれる副文の語順について説明します。ドイツ語では副文の定動詞は文末に置かれます。これを定動詞後置と呼びます。また、主文と副文はコンマで区切られます。配語法(1)で用いた図をもとにまとめれば次のようになります。

| Sie | spielt | heute | mit Peter | Tennis | . |

| 従属接続詞 | sie | heute | mit Peter | Tennis | spielt | . |

おもな従属接続詞

als	dass	während	weil	wenn
～したとき	～ということ	～のあいだ	～なので	～するとき / もし～ならば

 alsは過去時称で用いられます。

Ich weiß schon, dass sie heute mit Peter Tennis spielt.
私は彼女が今日ペーターとテニスをすることをすでに知っている。
Er geht nach Feierabend im Wald spazieren, wenn das Wetter schön ist.
Wenn das Wetter schön ist, geht er nach Feierabend im Wald spazieren.
彼は、天気がよいときには、仕事がひけると森を散歩する。

副文が先行すれば主文は定動詞倒置になり、定動詞＋主語…の形になります。
比較：Bei schönem Wetter geht er nach Feierabend im Wald spazieren.

疑問詞に導かれる疑問文が主文に従属する副文になれば、疑問詞は従属接続詞の働きを持つために定動詞後置になります。

Ich weiß nicht. + Wo wohnt sie? ⇒ Ich weiß nicht, wo sie wohnt.

ふたつの文を（　）内の従属接続詞を用いてひとつの文にして和訳しなさい。

① Es wundert mich sehr.
   Du kommst nicht mit. (dass)

② Sie fährt mit dem Fahrrad zur Firma.
   Sie ist stark erkältet. (obwohl)

③ Er jobbt fleißig.
   Er kann in diesen Sommerferien in Jugendherbergen übernachten und ganz Deutschland durchreisen. (damit)

④ Man muss 100 DM Bußgeld zahlen.
   Man benutzt Seitenstreifen zum Zwecke des schnelleren Vorwärtskommens. (wenn)

⑤ Unsere Zeit stresst uns sehr.
   Sie ist ganz komplex und unübersichtlich. (weil)

   stressenは「ストレスを起こさせる」という意味。

www-surfen

下記の会話を参考にいろんなパートナー練習を試みてください。

客: こんにちは、Kaubへ行きたい(möchte)のですが。
何時(wann)発(abfahren)の列車(ein Zug)がありますか。
駅員: 14時10分発があります。
客: それじゃ(dann)、その列車に乗ります(nehmen)。一枚(einmal)片道(einfach)、二等(zweiter Klasse)をお願いします。おいくらですか。
駅員: 24,20 DMです。
客: ところで(übrigens)、乗り換え(umsteigen)は必要です(müssen)か。
駅員: いいえ、直通で(direkt)行くことができ(können)ます。
客: 列車は何時にカウプに着きますか。
駅員: 15時59分に着きます。
客: それはとても好都合です(passen)。
駅員: それでは(also)よいご旅行を。
客: ありがとうございます。さようなら。

Lektion 9　過去形・未来形

§1　動詞の三基本形

英語同様にドイツ語にも6時称（現在・過去・未来・現在完了・過去完了・未来完了）があります。不定詞・過去基本形・過去分詞は、この6時称を表すための基礎となる動詞の形であるために、動詞の三基本形と呼ばれます。この三基本形は、そのあり方によって大きく、規則変化するものと不規則変化するものとに分けられます。

(1) 規則変化動詞

規則変化動詞は弱変化動詞とも呼ばれ、過去基本形が語幹に-teをつけて作られます。
過去分詞は語幹の前にge-、後ろに-tをつけて作ります。

不定詞	過去基本形	過去分詞
lernen	lernte	gelernt
spielen	spielte	gespielt
wohnen	wohnte	gewohnt
handeln	handelte	gehandelt
arbeiten	arbeitete	gearbeitet
語幹+[e]n	語幹+te	ge+語幹+t

　🖉　語幹が-d, -tなどに終わる動詞の場合には＜口調上のe＞が入ります。

(2) 不規則変化動詞

不規則変化動詞とは、過去基本形と過去分詞で語幹の綴りが変化する動詞のことを言います。そしてこれは、その特徴に基づきさらに、強変化動詞と混合変化動詞とに分けられます。

強変化動詞

不定詞	過去基本形	過去分詞
fahren	fuhr	gefahren
sehen	sah	gesehen
sprechen	sprach	gesprochen
gehen	ging	gegangen
nehmen	nahm	genommen
語幹+en	——	ge+——+en

- ——は、語幹が変化していることを示しています。
- fahren, sehen, sprechen については第3課§1を参照。
- gehen, nehmen については巻末の不規則変化動詞表を参照。

混合変化動詞

不定詞	過去基本形	過去分詞
bringen	brachte	gebracht
denken	dachte	gedacht
wissen	wusste	gewusst
語幹+en	——+te	ge+——+t

- 混合変化動詞は、弱変化動詞と強変化動詞の両方の特徴を併せ持っています。
- 混合変化動詞は、過去基本形と過去分詞の語幹が同形になります。
- wissen については第3課§2を参照。
- bringen, denken については巻末の不規則変化動詞表を参照。

(2) 最重要動詞の三基本形

不定詞	過去基本形	過去分詞
haben	hatte	gehabt
sein	war	gewesen
werden	wurde	geworden

§2　過去分詞に ge- のつかない動詞

過去分詞に ge- のつかない動詞があります。これは、アクセントのない前綴りを持つ非分離動詞および -ieren に終わる外来語動詞です。

(1) 非分離動詞

不定詞	過去基本形	過去分詞
kommen	kam	gekommen
bekommen	bekam	bekommen
stehen	stand	gestanden
verstehen	verstand	verstanden

(2) -ieren に終わる外来語動詞

不定詞	過去基本形	過去分詞
studieren	studierte	studiert
diskutieren	diskutierte	diskutiert
nominieren	nominierte	nominiert

§3　分離動詞の三基本形

不定詞	過去基本形	過去分詞
kommen	kam	gekommen
ankommen	kam...an	angekommen
lesen	las	gelesen
vorlesen	las...vor	vorgelesen

- 分離動詞の過去基本形は、主文内において前綴りが文末に置かれることを示して、上記のように書かれます。
- 分離動詞の過去分詞には前綴りの後ろに ge- が挿入されます。

§4 話法の助動詞およびこれに準ずる動詞の三基本形

不定詞	過去基本形	過去分詞	
können	konnte	können	gekonnt
müssen	musste	müssen	gemusst
wollen	wollte	wollen	gewollt
sollen	sollte	sollen	gesollt
dürfen	durfte	dürfen	gedurft
mögen	mochte	mögen	gemocht
lassen	ließ	lassen	gelassen

- 話法の助動詞およびこれに準ずる動詞については、第8課§1、§4を参照。
- 話法の助動詞は、独立動詞として用いられるとき、過去分詞がge—tの形になります。
  しかし、助動詞として用いられれば過去分詞は不定詞と同形になります。詳しくは第10課§2を参照。また、話法の助動詞の独立動詞化については第8課§3を参照。

§5 過去人称変化

ドイツ語では過去時称においても人称変化します。

不定詞 過去基本形	lernen lernte	fahren fuhr	haben hatte	sein war	werden wurde	können konnte	
ich	lernte	fuhr	hatte	war	wurde	konnte	—
du	lerntest	fuhrst	hattest	warst	wurdest	konntest	—st
er	lernte	fuhr	hatte	war	wurde	konnte	—
wir	lernten	fuhren	hatten	waren	wurden	konnten	—[e]n
ihr	lerntet	fuhrt	hattet	wart	wurdet	konntet	—t
sie	lernten	fuhren	hatten	waren	wurden	konnten	—[e]n

- 過去基本形が -eに終わるものは、複数1・3人称および敬称2人称では語尾-nのみをつけます。
- 過去基本形が -d, -tに終わる強変化動詞は、主語がduおよびihrのときに＜口調上のe＞が入り、duは-est、ihrは-etになります。

現在：Ich sehe mir bei der Arbeit zu.（第6課§1の例文参照）
過去：Ich sah mir bei der Arbeit zu.
現在：Meine Kinder müssen sich vor dem Essen die Hände waschen.（第8課§2の例文参照）
過去：Meine Kinder mussten sich vor dem Essen die Hände waschen.

§6　未　来

（1）未来時称の構文

未来は、未来の助動詞werden（現在）と文末に置かれる不定詞とで作られるわく構造によって表されます。

現在：Während der Sommerferien wohnt ihre Familie in Spanien.
未来：Während der Sommerferien wird ihre Familie in Spanien wohnen.

これを助動詞構文の説明図と比較して図示すれば次のようになります。

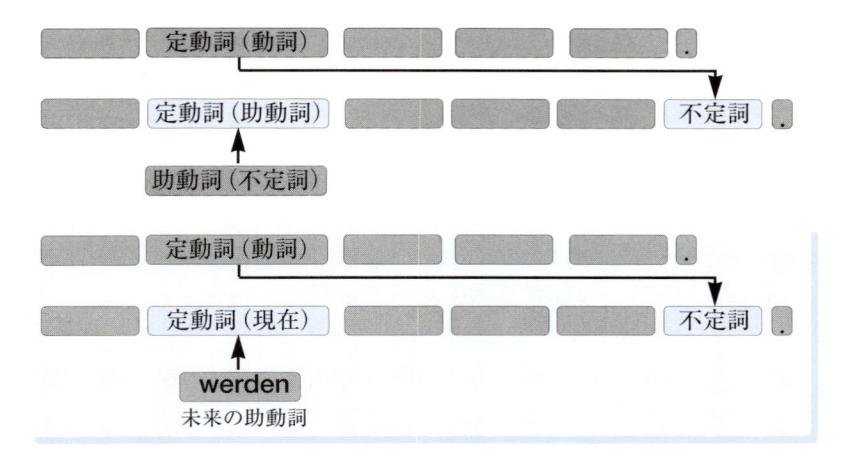

(2) 未来時称の用法

ドイツ語の未来時称は、純粋に未来を意味することは少なく、話者の意図・推量・命令などを表していることがよくあります。

Ich werde Sie noch einmal anrufen.
もういちどお電話いたします。（主語が１人称のとき）
Julia wird es wohl wissen.
ユーリアはおそらくそれを知っているだろう。（主語が３人称のとき）
Du wirst morgen das Buch mitbringen.
あすその本を持ってきてほしい。（主語が２人称のとき）

【１】下線部の空所を補って三基本形を完成しなさい。また意味も言いなさい。

_____	kommen	_____	_____	_____
wohnte	_____	_____	hörte...auf	_____
_____	_____	erkannt	_____	operiert
意味 _____	_____	_____	_____	_____

【２】次の動詞を過去人称変化させなさい。
　　　sagen　essen　halten　einschlafen　verlieren

【３】次の文の時称を過去と未来になおして和訳しなさい。
　① Sie feiert in einem romantischen Schlosshotel Hochzeit.
　② Lukas schreibt seinem Vater einen Brief.
　③ Die Polizei nimmt den Brandstifter fest.
　④ Ich bekomme eine Karte für das Konzert.
　⑤ Er repariert ihr Fahrrad.

www-surfen

Lektion 10 完了形

§1 現在完了

(1) 現在完了の形

現在完了は、完了の助動詞を必要とします。したがって、わく構造により表され、文末に過去分詞が置かれます。また、ドイツ語の場合、完了の助動詞としてhabenのみならずseinも用いられます。この点が英語とは異なるところです。これまで見てきた助動詞構文を踏まえて完了表現を図示すれば、下記のようになります。

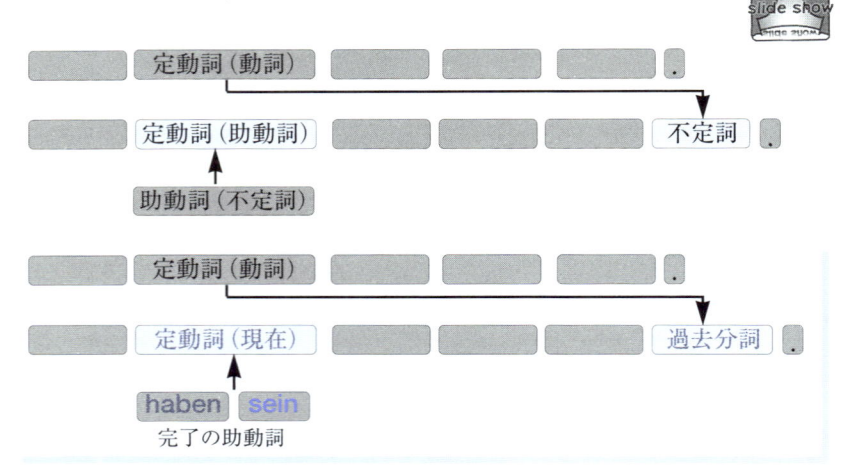

```
[    ][定動詞(動詞)][    ][    ][    ][    ][.]

[    ][定動詞(助動詞)][    ][    ][    ][不定詞][.]
         ↑
      助動詞(不定詞)

[    ][定動詞(動詞)][    ][    ][    ][    ][.]

[    ][定動詞(現在)][    ][    ][    ][過去分詞][.]
         ↑
      haben sein
      完了の助動詞
```

(2) haben 支配と sein 支配

現在完了は、完了の助動詞(現在人称変化)＋……＋過去分詞(文末)のわく構造によって表します。このさい、たいていの動詞は完了の助動詞にhabenをとりますが、自動詞の一部がseinをとります。それは次のような自動詞です。

①場所の移動を表す自動詞：fahren, fallen, gehen, kommen
②状態の変化を表す自動詞：aufstehen, sterben, wachsen, werden
③その他の自動詞：sein, bleiben, begegnen

- 不規則動詞変化表を見ると、sein支配の自動詞には見出し語の後ろに(s)と記されています。
- すべての他動詞、話法の助動詞、多くの自動詞は完了時称でhabenをとります。

Ich bin mit Lisa nach Wien gefahren.
Wir haben das Schloss Schönbrunn besichtigt.

(3) 現在完了の用法

完了：Ich habe von ihr eben erst Abschied genommen.
　　　私はたったいま彼女に別れを告げたところです。
結果：Ich habe meinen Reisepass verloren.
　　　私はパスポートを紛失してしまった。
経験：Sind Sie schon einmal in Japan gewesen?
　　　あなたはこれまでに日本に行かれたことがありますか。
報告：Ich habe gestern mit Daniel den Film "Titanic" gesehen.
　　　私はきのうダニエルと映画『タイタニック』を見ました。

- ドイツ語では日常会話において、過去の事柄を表すために、好んで現在完了が用いられます。たとえば次のように言われます。これを報告の現在完了と言い、英語にはみられない用法です。

Ich bin vorgestern mit einem ICE nach Berlin gefahren.

- ドイツ語の現在完了には英語にみられる継続的用法はありません。ドイツ語の場合には現在形で表されます。

Er wohnt seit einem Monat in Berlin.

§2 話法の助動詞およびこれに準ずる動詞の現在完了

話法の助動詞およびこれに準ずる動詞を用いて現在完了時称で述べるとき、これらの過去分詞は、直前に不定詞があるために不定詞と同形になります。

> Ich habe sofort nach Haus gehen müssen.
> Ich habe sofort nach Haus gemusst.
> 〇 第8課§3の例文参照。
> Er hat sich seine Enttäuschung nicht anmerken lassen.
> 〇 第8課§4の例文参照。

§3 過去完了

過去完了は、過去において行われたある事柄を念頭に置き、これより以前に完了していた別の出来事を表すために用います。habenもしくはsein(過去人称変化)＋……＋過去分詞（文末）のわく構造によって表します。

> Als wir in Wien ankamen, hatte es schon aufgehört zu regnen.
> 私たちがウィーンに着いたときにはもう雨はあがっていた。
> Nachdem wir an einer Stadtrundfahrt teilgenommen hatten, gingen wir ins Konzert.
> 私たちは市内観光ツアーに参加したあとでコンサートに行った。

§4 未来完了

未来完了は、未来のある時点までには完了しているであろう事柄を表すために用います。

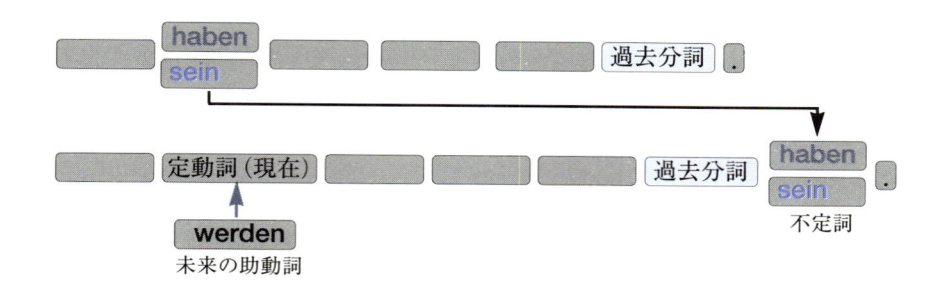

```
         ┌haben┐                          ┌過去分詞┐ .
         └sein ┘

  ┌定動詞(現在)┐                      ┌過去分詞┐ ┌haben┐ .
         ↑                                        └sein ┘
      werden                                      不定詞
     未来の助動詞
```

Ich werde in einigen Tagen mein Referat geschrieben haben.
私は数日でレポートを書き上げているだろう。

Er wird wohl schon längst sein Referat geschrieben haben.
彼はおそらくもうとっくの昔にレポートを書き上げていたことだろう。

* 過去の事柄の推量表現になっていることがよくあります。wohlのような推量を表す副詞が用いられていないかどうかに注意しましょう。第9課§6を参照。

§5 話法の助動詞＋完了不定詞

過去分詞＋haben/seinの形を完了不定詞と言います。話法の助動詞がこの完了不定詞と結びつくと、固有な意味を持つこともあります。

Er kann in einigen Tagen sein Referat geschrieben haben.
彼は数日でレポートを書き上げたかも知れない。
　* 比較: Er hat in einigen Tagen sein Referat schreiben können.

Er muss in einigen Tagen sein Referat geschrieben haben.
彼は数日でレポートを書き上げたにちがいない。
　* 比較: Er hat in einigen Tagen sein Referat schreiben müssen.

Er will in einigen Tagen sein Referat geschrieben haben.
彼は数日でレポートを書き上げたと主張している。
　* 比較: Er hat in einigen Tagen sein Referat schreiben wollen.

Er soll in einigen Tagen sein Referat geschrieben haben.
彼は数日でレポートを書き上げたという噂だ。
　* 比較: Er hat in einigen Tagen sein Referat schreiben sollen.

【1】次の動詞の完了不定詞を言いなさい。

bekommen　　bleiben　　denken　　laufen　　mitnehmen

【2】次の文を現在完了時称になおして和訳しなさい。

① Viele Mädchen lesen das Buch.
② Nach dem Seminar geht er in die Mensa.
③ Hier gefällt es mir am besten.
④ Warum verlässt du mich?
⑤ Ich muss ein Examen nachholen.

【3】次の文を和訳しなさい。

① Wir haben dich nicht vergessen.
② Was haben Sie am Wochenende gemacht?
③ Sein Vorschlag hat mir Anstöße zum Umdenken gegeben.
④ Man hat einen radikalen Wandel der Arbeitswelt vorausgesagt.
⑤ Nachdem ich erfahren hatte, dass er endlich das Staatsexamen in Medizin bestanden hat, habe ich ihn sofort angerufen.

ウィーン旅行の創作レポートを簡単にドイツ語でまとめてみてください。たとえば現在完了を用いて次のように。

① 私は昨日ウィーンへ行きました。
② 列車は12時10分発で、そして15時35分にウィーンに着きました。
③ そして私は友人に電話をして(anrufen)、それから感じのよい(angenehm)カフェで彼と出会い(treffen)ました。
④ 私たちはプラター遊園地(der Vergnügungspark Prater)へ出かけ、そして観覧車に乗り(mit dem Riesenrad fahren)ました。
⑤ 私は友人と共にすてきな一日を過ごす(verbringen)ことができました。

Lektion 11　受動態

§1　受動態の作り方

受動表現は、werden ＋……＋ 過去分詞（文末）のわく構造によって表します。能動文から受動文への転換は、能動文の4格目的語を受動文の主語にして、能動文の主語を von ＋ 3格とします。前課で学んだ現在完了時称と比較して図示すれば次のようになります。

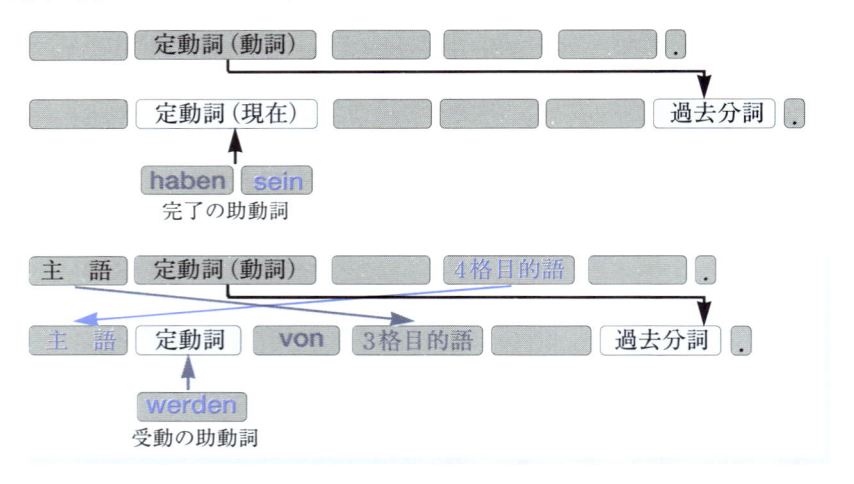

> 能動文から受動文に転換するとき、4格目的語を主語にするのであり、日本語に置き換えたときに助詞「を」がつく語を主語にするのではありません。助詞「を」がついてもドイツ語では3格目的語であることがよくあります。

Die Regierung führt die Studienreform durch.
Die Studienreform wird von der Regierung durchgeführt.
大学改革は政府によって成し遂げられる。

☆能動文の主語は、受動文に転換されるとき、必ずしも von ＋ 3格になるとは限りません。手段や原因を表す場合には durch ＋ 4格が用い

られます。

Die Luftverschmutzung schädigt die Wälder.
Die Wälder werden durch die Luftverschmutzung geschädigt.

☆能動文の主語が man のとき、受動表現に転換されると von einem は省略されます。

Man lobt die Schauspielerin.
Die Schauspielerin wird gelobt.
その女優は賞賛される。

§2 受動態の時称

現在	Die Studienreform wird von der Regierung durchgeführt.
過去	Die Studienreform wurde von der Regierung durchgeführt.
現在完了	Die Studienreform ist von der Regierung durchgeführt worden.
過去完了	Die Studienreform war von der Regierung durchgeführt worden.
未来	Die Studienreform wird von der Regierung durchgeführt werden.
未来完了	Die Studienreform wird von der Regierung durchgeführt worden sein.

✎ 受動の助動詞の3基本形は、werden - wurde - worden。

§3 自動詞の受動態

自動詞は4格目的語をとらないために、受動表現にする場合には、形式上の主語 es を用います。しかしこの es は文頭以外では省略されます。

Wir trauen ihm nicht mehr.
私たちは彼をもう信用していない。
Es wird ihm von uns nicht mehr getraut.
Ihm wird von uns nicht mehr getraut.

Sie antwortete nicht auf meine Frage.
彼女は私の質問に答えなかった。
Es wurde von ihr nicht auf meine Frage geantwortet.
Auf meine Frage wurde von ihr nicht geantwortet.

Man arbeitet heute nicht.
Es wird heute nicht gearbeitet.
Heute wird nicht gearbeitet.

§4　状態受動

状態受動とは、動作の結果としての状態「…されている」を表す表現のことを言い、sein ＋ …… ＋ 他動詞の過去分詞（文末）の形になります。

Das Geschäft wird um 10 Uhr geöffnet.
その店は10時に開けられる。
Das Geschäft ist rund um die Uhr geöffnet.
その店は24時間開けられている。

§5　その他の受動表現

(1)　lassen ＋ sich ＋ …… ＋ 他動詞　「…されうる」
Das lässt sich denken.
それは考えられる。
(2)　他動詞 ＋ sich
Dieses Problem löst sich schwer.
この問題は解決しがたい。
(3)　sein ＋ …… ＋ zu不定詞
Das ist nicht auszuhalten.
それは耐え難い。

§6 現在分詞と過去分詞

現在分詞は不定詞＋dの形になります。ただし、sein (seiend)および tun (tuend)は例外になります。過去分詞は第9課の動詞の三基本形を参照してください。現在分詞と過去分詞の用法は、だいたい形容詞と同じで、以下のようにまとめることができます。

付加語	eine schreiende Frau	geschädigte Wälder
述語	Sie ist reizend.	Viele Wälder sind in Deutschland geschädigt.
分詞句	Um Hilfe schreiend, stürzte eine Frau aus dem Haus.	Durch die Luftverschmutzung geschädigt, sind viele Wälder in Deutschland krank.
冠飾句	Die um Hilfe schreiende Frau war vor Schrecken ganz blass.	Die durch die Luftverschmutzung geschädigten Wälder müssen wir wieder gesund machen.
名詞化	eine Schreiende	der Geschädigte

🖉 述語的用法は純粋に形容詞化されたものに限られます。たとえば、„Sie ist schreiend."「彼女は叫んでいる」とは言いません。ドイツ語では、現在形および過去形にそれぞれ進行形の意味があります。つまり、„Sie schreit." と言えば、「彼女は叫んでいる」という意味も持つわけです。

§7 未来受動分詞

未来受動分詞は、zu＋現在分詞(他動詞)の形によって表され、「…されうる」「…されるべき」を意味します。

Die mit allen möglichen Maßnahmen zu unterstützende schwache japanische Binnenkonjunktur übt einen großen Einfluss auf den Arbeitsmarkt und das Alltagsleben aus.
あらゆる対策を講じることにより支えられるべき弱い日本の国内景気は、労働市場と日常生活に多大な影響を及ぼしている。

Übung macht Spaß

【1】（　）内の指示に従って下線部を補いなさい。

① ein ＿＿＿＿＿ Kind（schlafenを現在分詞にして）
② eine ＿＿＿＿＿ Bitte（dringenを現在分詞にして）
③ das ＿＿＿＿＿ Gebäude（renovierenを過去分詞にして）
④ ein ＿＿＿＿＿ Filmstar（auszeichnenを過去分詞にして）
⑤ die durch das Erdbeben völlig ＿＿＿＿＿ Dörfer（zerstörenを過去分詞にして）

【2】次の文を受動文になおして和訳しなさい。

① Ein armer Mann liebte sie.
② Die Versicherung ersetzt mir meinen Verlust.
③ Michael hat mich am letzten Wochenende zum Abendessen eingeladen.
④ Während des Oktoberfests erwartet man Millionen Besucher aus aller Welt. Unter den riesigen Bierzelten trinkt man viel.
⑤ In Österreich hat die Lawinenkatastrophe viele Menschen getötet.

【3】次の文を和訳しなさい。

① In der Stadtmitte auf meinen alten Freund getroffen, bin ich in meine Schulzeit zurückversetzt worden.
② Ein radikaler Wandel der Arbeitswelt wird von vielen Experten vorausgesagt.
③ Der Film "Titanic" ist für die Rekordzahl von 14 Oscars nominiert worden.

④ In Berlin hat die Love Parade stattgefunden. Sie wurde von Umweltschützern scharf kritisiert, weil Berge von Müll hinterlassen worden sind.
⑤ In ganz Deutschland wurde von Studenten gegen die Mittelkürzungen an Hochschulen gestreikt und demonstriert, um die Studienbedingungen zu verbessern.

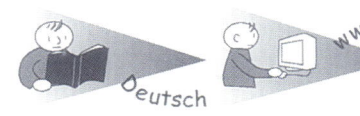

Lektion 12 　指示代名詞と関係代名詞

§1　指示代名詞 der

指示代名詞は、人や事物を指し示すために用いられる代名詞のことです。指示代名詞としては der, dieser, jener, solcher, derjenige, derselbe があり、付加語として用いられる場合と単独で用いられる場合があります。dieser, jener, solcher については第2課§4を参照してください。ここでは der について説明します。定冠詞よりも指示性が強く具体的で、強く発音されます。格変化は、付加語的用法では定冠詞と同じですが、単独で指示代名詞として用いられると、下記のようになります。

	男性名詞	女性名詞	中性名詞	複数
1格	der	die	das	die
2格	dessen	deren	dessen	deren (derer)
3格	dem	der	dem	denen
4格	den	die	das	die

　🖉 derer は定関係代名詞の先行詞として用いられます。

(1) 付加語的用法

　Ich habe gestern den Film "Titanic" gesehen. Der Film hat mir sehr gut gefallen.

　私は昨日映画『タイタニック』を見ました。この映画はとてもよかったです。
　🖉 der は強く発音されます。

(2) 単独で用いられるとき

　☆ 強調指示
　Es war einmal eine kleine süße Dirne, die hatte jedermann lieb.

昔、ひとりのかわいい女の子がいました。そして誰もがその娘を好きになりました。
- 🖉 „…, die Dirne hat jedermann lieb." とすれば、die は定冠詞になります。また、„…, sie hat jedermann lieb." となれば、人称代名詞であるために強調ではなくなります。

☆名詞の反復回避

Mein Haus ist viel älter als das meines Freundes.

私の家は私の友人の家よりずっと古い。
- 🖉 das のうしろに Haus が省略されています。

☆近接指示

Er fährt mit seinem Freund und dessen Freundin in die Stadtmitte.

彼は彼の友人とそのガールフレンドといっしょに市内へ行く。
- 🖉 dessen の代わりに seiner を用いれば、ガールフレンドが彼のガールフレンドなのか、それとも友人のガールフレンドなのか関係が不明瞭になります。そこで、これを避けるために、指示代名詞が用いられるわけです。

☆紹介の das

Das ist meine Familie.

Das sind meine Kinder.
- 🖉 das は名詞の性・数に関係なく用いられ、定動詞は述語名詞の数に応じた形になります。

§2　定関係代名詞

定関係代名詞とは、先行詞を持ち、これについて補足説明する関係文を導く関係代名詞のことです。定関係代名詞の性と数は先行詞と一致し、格は関係文内の働きによって決まります。英語のように先行詞が人間であるか否かが問題になることはありません。なお、格変化のしかたは指示代名詞（単独で用いられる場合）と同じですが、副文になるためにコンマで区切られ、定動詞が文末に置かれます。

Die Schweiz hat eine weltbekannte Tennisspielerin, die das Tennisturnier von Tokio gewonnen hat.
スイスには東京のテニストーナメントで優勝した世界的に有名な女子テニスプレイヤーがいる。

In Deutschland gibt es ein Gymnasium, dessen Name uns an Anne Frank erinnert.
ドイツには、その名前が私たちにアンネ・フランクを思い出させるギムナジウムがあります。

Der Mann, mit dem ich jetzt in Konkurrenz stehe, arbeitet sehr fleißig.
私が現在ライバル関係にあるその男はとても仕事熱心だ。

Hingis, gegen die Steffi Graf das Viertelfinale in Tokio verloren hat, ist Schweizerin.
シュテフィ・グラフが東京での準々決勝で負けたヒンギスはスイス人です。

Hier ist die Liste derer, die an der Konferenz teilnehmen.
これはその会議に出席する人たちのリストです。
　 指示代名詞複数2格が定関係代名詞の先行詞になっています。

§3 不定関係代名詞 wer と was

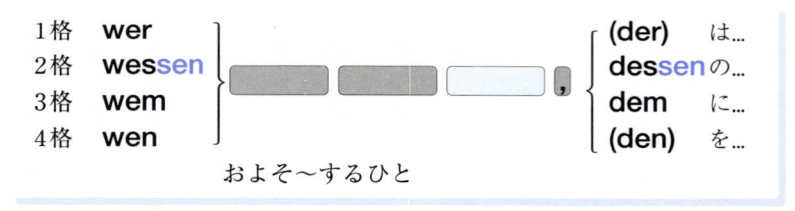

先行詞を含みこれを必要としない関係代名詞があり、不定関係代名詞と呼ばれています。この不定関係代名詞にはwerとwasとがあり、後続の主文の文頭に来る指示代名詞と結んで相関構文をつくります。

☆不定関係代名詞 wer

1格	wer
2格	wessen
3格	wem
4格	wen

(der) は…
dessen の…
dem に…
(den) を…

およそ～するひと

- wer…, der および wen…, den の形になるとき、主文の指示代名詞 der, den は省略されることがあります。
- 不定関係代名詞および指示代名詞の格は、それぞれ文中での役割によって決まります。

Wer Arbeit ablehnt, bekommt weniger.
働くことを拒否する者は収入が減る。
Wen man lieb hat, dem glaubt man gern.
好きな人が言うことは甘んじて信じるものである。

☆不定関係代名詞 was

1格	was
2格	—
3格	—
4格	was

(das) は…
dessen の…
dem に…
(das) を…

およそ～すること・もの

- was…, das の形になるとき、指示代名詞 das は省略されることがあります。

Was kommen musste, kam endlich.
起こるべきことがついに起こった。

Was man nicht weiß, macht einen nicht heiß.
知らないことには腹が立たない。

☆das, etwas, alles, nichts、それに中性名詞化した形容詞などを先行詞にとる was

Alles, was er gesagt hat, kommt von seinem Freund.
彼が言ったすべてのことは彼の友人の受け売りだ。

Das ist das Beste, was ich tun kann.
これが私にできる最善のことです。

☆前文の内容を受ける was

Philipp hat endlich das Staatsexamen in Medizin bestanden, was seine Eltern sehr gefreut hat.
フィリップはやっと医師国家試験に合格した。そしてこのことは彼の両親を大喜びさせた。

☆前置詞と不定関係代名詞 was の融合形

前置詞と不定関係代名詞 was とが結びつくと wo(r)- ＋前置詞の形になります。wor- になるのは、前置詞が母音で始まる場合です。第5課§4参照。

Das ist das Einzige, worauf ich mich freue.
これが私が心待ちにしている唯一のことです。

Er hat mich zum Abendessen eingeladen, wofür ich ihm sehr dankbar bin.
彼は私を夕食に招待してくれました。私はそのことで彼にとても感謝しています。

§4 関係副詞 wo

関係副詞 wo は時や場所を表す語を先行詞にとります。

Das Café, wo ich mich als Student gern mit meinen Kommilitonen unterhalten habe, ist immer noch so, wie es damals war.
私が学生のときによく学友と話をした喫茶店は、いまもなお当時のままにある。
Den Tag, wo ich dich dort kennengelernt habe, werde ich nie vergessen.
そこで君と知り合った日のことを私は決して忘れない。

Übung macht Spaß

【1】 次の設問に答えなさい。

① 下線部の語を指示代名詞に置き換えて和訳しなさい。
　 Ich habe eine Tandempartnerin.
　　 Sie studiert in Hamburg Japanologie.
　　 Ihr Vater arbeitet jetzt in Tokio.
　　 Ich bringe ihr Japanisch bei.
　　 Ich möchte sie dir einmal vorstellen.
② 関係代名詞を用いてひとつの文にしなさい。
③ Tandempartnerin を Tandempartner にかえて問題①・②をもう一度繰り返しなさい。

【2】（　）に適当な関係代名詞を補って和訳しなさい。

① Das Auto, (　) ich mir neulich gekauft habe, ist aus Deutschland.
② Die Familie, bei (　) ich wohne, ist ganz nett.

③ Anna sucht sich Partnerinnen, mit (　　) sie die Gesellschaftsreise organisieren kann.
④ (　　) mich gut kennt, weiß schon, dass ich ziemlich menschenscheu bin.
⑤ In dieser Zeitschrift steht alles, (　　) bei uns momentan von Interesse ist.

【3】次の文を和訳しなさい。

① Der Kompromiss, der nach langjährigen Verhandlungen erzielt wurde, wurde leider nicht in die Tat umgesetzt.
② In der Adventszeit bekommen die Kinder einen Adventskalender, der sie in vorweihnachtliche Stimmung versetzt.
③ Das Oktoberfest, wo jährlich Millionen Besucher aus aller Welt erwartet werden, ist das größte Volksfest der Welt.
④ In Deutschland, wo am 13. Februar 1969 die erste Herztransplantation durchgeführt worden ist, werden heutzutage pro Jahr rund 550 Herzen verpflanzt.
⑤ Das Internet-Tandem macht den autonom Lernenden ein interkulturelles Kommunikationstraining möglich, bei dem sie miteinander über alles Mögliche sprechen und mehr über die Kulturen anderer Länder erfahren können.

www-surfen

このコンピュータ・ネットワーク時代にインターネット・タンデムという外国語学習法を活用しない手はないでしょう。さあ、いま求められている異文化コミュニケーションを始めてみましょう。

Lektion 13 接続法

§1 接続法とは

ドイツ語の動詞の形態には、これまで学んできた直説法と命令法のほかに、接続法と呼ばれるものがあります。直説法は事実をありのままに伝え、また命令法は2人称に対する要求を表すものでしたが、これから学ぶ接続法は、話者のこころに単に浮かんだにすぎない事柄（願望・希望・仮定）を表したり、他者が述べた事柄を伝えたりするために用いられるものです。この接続法には第Ⅰ式、第Ⅱ式と呼ばれるものがあり、次のように使い分けられます。

　　要求話法：第Ⅰ式
　　間接話法：第Ⅰ式（第Ⅱ式）
　　非現実話法：第Ⅱ式

§2 接続法の形態

（1）接続法第Ⅰ式は、不定詞の語幹に接続法の人称語尾がついたものを言います。ただしseinは例外になります。

不定詞	lernen	fahren	haben	sein	werden	können	
語　幹	lern	fahr	hab	sei	werd	könn	
ich	lerne	fahre	habe	sei	werde	könne	―e
du	lernest	fahrest	habest	sei[e]st	werdest	könnest	―est
er	lerne	fahre	habe	sei	werde	könne	―e
wir	lernen	fahren	haben	seien	werden	können	―en
ihr	lernet	fahret	habet	seiet	werdet	könnet	―et
sie	lernen	fahren	haben	seien	werden	können	―en

　✐ 必要であれば、直説法現在の人称変化について復習してください。直説法現在と接続法第Ⅰ式の人称変化の違いがわかることが不可欠です。

(2) 接続法第Ⅱ式は、過去基本形に接続法の人称語尾がついたものを言います。ただし過去基本形が-eに終わるものは、接続法の人称語尾の-eを省きます。なお、不規則変化動詞の過去基本形が幹母音としてa, o, uを持つものは、変音してä, ö, üとなる場合が多いです。

不定詞	lernen	fahren	haben	sein	werden	können	
過去基本形	lernte	fuhr	hatte	war	wurde	konnte	
ich	lernte	führe	hätte	wäre	würde	könnte	—e
du	lerntest	führest	hättest	wärest	würdest	könntest	—est
er	lernte	führe	hätte	wäre	würde	könnte	—e
wir	lernten	führen	hätten	wären	würden	könnten	—en
ihr	lerntet	führet	hättet	wäret	würdet	könntet	—et
sie	lernten	führen	hätten	wären	würden	könnten	—en

🖉 弱変化動詞は直説法過去の人称変化と同じになります。
🖉 必要であれば、直説法過去の人称変化について復習してください。直説法過去と接続法第Ⅱ式の人称変化の違いがわかることが不可欠です。

§3 直説法の時称と接続法の時称

直説法には6時称ありますが、接続法には4時称（現在・過去・未来・未来完了）しかありません。これは、接続法では過去・現在完了・過去完了の区別がなく、一括して過去として扱われるためです。なお、接続法の過去は、第Ⅰ式・第Ⅱ式ともに、完了の形で表されます。

☆直説法の6時称

現在	Die Regierung führt die Studienreform durch.
過去	Die Regierung führte die Studienreform durch.
現在完了	Die Regierung hat die Studienreform durchgeführt.
過去完了	Die Regierung hatte die Studienreform durchgeführt.
未来	Die Regierung wird die Studienreform durchführen.
未来完了	Die Regierung wird die Studienreform durchgeführt haben.

> 必要であれば、それぞれの項目（分離動詞、過去、未来、現在完了、過去完了、未来完了）を復習してください。なお、例文は受動態の時称の例文を参照。

☆接続法第Ⅰ式の4時称

| 現在 | Die Regierung führe die Studienreform durch. |

| 過去 | Die Regierung habe die Studienreform durchgeführt. |

| 未来 | Die Regierung werde die Studienreform durchführen. |
| 未来完了 | Die Regierung werde die Studienreform durchgeführt haben. |

☆接続法第Ⅱ式の4時称

| 現在 | Die Regierung führte die Studienreform durch. |

| 過去 | Die Regierung hätte die Studienreform durchgeführt. |

| 未来 | Die Regierung würde die Studienreform durchführen. |
| 未来完了 | Die Regierung würde die Studienreform durchgeführt haben. |

Übung macht Spaß

【1】それぞれの不定詞を接続法第Ⅰ式と第Ⅱ式で人称変化させなさい。

bleiben　　essen　　kommen　　wissen　　mögen

【2】次の文を直説法の6時称および接続法第Ⅰ・Ⅱ式の4時称で言い表しなさい。

① Sie schreibt ihr Referat.
② Er geht zum Arzt.

§4 要求話法

接続法第Ⅰ式が用いられ、主として3人称に対する要求、祈願、認容などが表されます。2人称に対する命令については、第3課§3を参照してください。

Gott helfe uns!
神よわれらを助けたまえ。
🖉 Gott hilft uns.　神様は私たちを助けてくださっている。

Morgen sei es sonnig!
明日は晴れるように。
🖉 Morgen ist es sonnig.　明日は晴れます。

Man nehme vor dem Essen eine Tablette!
食前に一錠服用のこと。
🖉 Er nimmt nach dem Essen ein Magenmittel.　彼は食後に胃薬を飲む。

Er sage, was er wolle, ich glaube ihm nicht.
彼が何を言おうとも、私は彼を信じない。
🖉 Er sagt immer, was er will.　彼はいつも好きなことを言う。

§5 間接話法

(1) 平叙文を間接引用するとき

Er sagte zu ihr: „Ich hole dich ab."

Er sagte ihr, er hole sie ab.
🖉 人称代名詞や所有冠詞などは引用者の視点によるものに改めます。
🖉 ドイツ語では引用文中の動詞は主文の時称の影響を受けません。つまり、時称の一致はありません。
🖉 間接引用文をdass節で表すこともできます。この場合には、定動詞を文末に置くことを忘れないように。
　　Er sagte ihr, dass er sie abhole.

Sie sagte zu ihm: „Dann können wir zusammen in die Stadt fahren."

Sie sagte ihm, dann könnten sie zusammen in die Stadt

fahren.
- 接続法第Ⅰ式が直説法と同形になるときには、接続法第Ⅱ式が代用されます。

(2) 疑問文を間接引用するとき

Er fragte sie: „Hast du morgen Zeit?"
Er fragte sie, ob sie morgen Zeit habe.
- 疑問詞を伴わない疑問文を間接引用するときには、従属接続詞obを用います。

Er fragte sie: „Wann kommst du wieder nach Haus?"
Er fragte sie, wann sie wieder nach Haus komme.
- 疑問詞を伴う疑問文を間接引用するときには、疑問詞をそのまま用います。ただしこの場合には、疑問詞が従属接続詞の働きを持つために、定動詞を文末に置きます。

(3) 命令文を間接引用するとき

Sie sagte zu ihm: „Komm einmal bei mir vorbei!"
Sie sagte ihm, er solle einmal bei ihr vorbeikommen.
- 命令や要求を表している文を間接引用するときには、話法の助動詞sollenを用います。

Sie bat ihn: „Reparier bitte mein Fahrrad!"
Sie bat ihn, er möge ihr Fahrrad reparieren.
- 命令というよりもむしろ丁寧な依頼、願望、懇願などを表している文を間接引用するときには、話法の助動詞mögenを用います。

次の文を間接話法に改めて和訳しなさい。

① Mein Kollege schrieb mir: „Ich habe mich hier auf dem Land sehr gut erholt."

② Die Mutter fragte ihr Kind: „Hast du Mut, mit der Achterbahn zu fahren?"
③ Paul fragte seine Kommilitonen: „Habt ihr schon euer Referat geschrieben?"
④ Mein Vater hat zu mir oft gesagt: „Verschiebe nicht auf morgen, was du heute kannst besorgen!"
   🖉 不定詞 besorgen が話法の助動詞 kannst の後ろに来ているのは、morgen と脚韻を踏むためです。
⑤ Eine alte Frau bat einen Mann: „Bitte, legen Sie mir mein Gepäck aufs Gepäcknetz!"

§6 非現実話法

「もしも〜であるとすれば」という非現実な仮定部と、「おそらく〜であろう」という非現実な結論部とにより、想定される仮定の事柄を表す話し方です。そしてこの仮定表現のために接続法第Ⅱ式を用います。そのさい、仮定部＋結論部あるいは結論部＋仮定部の形になります。

(1) 現在の事実に反する仮定

　　Wenn ich nicht krank wäre, käme ich gern mit.

(2) 過去の事実に反する仮定

　　Wenn ich nicht krank gewesen wäre, wäre ich gern mitgekommen.

(3) 定動詞を文頭に置く仮定表現

　　Hätte ich Zeit, ginge ich ins Konzert.
　　(Wenn ich Zeit hätte, ginge ich ins Konzert.)
　　Hätte ich Zeit gehabt, wäre ich ins Konzert gegangen.
　　(Wenn ich Zeit gehabt hätte, wäre ich ins Konzert gegangen.)

> wennを用いずに仮定を表すときには定動詞を文頭に置きます。この場合、結論部の文頭には、soやdannを置くことがよくあります。たとえば、Hätte ich Zeit, so käme ich mit.

(4) **würde** + 不定詞、**würde** + 完了不定詞による結論部の言い換え

Wenn ich Zeit hätte, würde ich ins Konzert gehen.
Wenn ich Zeit gehabt hätte, würde ich ins Konzert gegangen sein.

> ただし、haben, sein, werdenおよび話法の助動詞に関しては、この言い換えは行われません。なお、würdeは推量の助動詞werdenの接続法Ⅱ式です。

(5) 仮定部の独立

Wenn ich es doch gewusst hätte!
そのことがわかっていたなら。
Hätte ich damals nur einen guten Freund gehabt!
当時よい友だちがいてくれさえしていたなら。

> この場合は、実現不可能な願望や愚痴を表します。そのさい、dochやnurがよく用いられます。

(6) 結論部の独立

An Ihrer Stelle würde ich die Reform durchführen.
あなたの立場であれば、私は改革を押し進めるでしょう。
Vor Ärger wäre ich beinahe in Zorn ausgebrochen.
怒りのあまりに私はすんでのところで爆発するところだった。

> この場合は、文中の語や語句により条件が表されていますから、ひとつひとつのことばに注意が必要です。

§7　外交的接続法

伝えようとする事柄を婉曲に、控えめに、あるいは丁寧に言うために使われる接続法第Ⅱ式が外交的接続法と呼ばれるものです。従ってこの場合には、非現実の意味合いは薄れます。

Es wäre besser, sofort nach Haus zu gehen.
すぐに帰宅されたほうがよいでしょう。
Könnten Sie auf mein Gepäck aufpassen? Ich komme gleich wieder.
私の手荷物を見ていていただけませんか。すぐに戻りますから。
Personenbezogene Daten müssten noch mehr gesetzlich geschützt werden.
個人に関するデータは法的にもっと保護されなければならないでしょう。

§8 仮定的認容

副詞のauchやimmerと接続法第Ⅱ式とで、「たとえ…であろうとも～」という意味になります。

Auch wenn sich die Deutschen in einer schwierigen Wirtschaftslage befänden, würden sie viel Geld für Auslandsreisen und Freizeit ausgeben.
ドイツ人はたとえ悪い経済状態にあろうとも、外国旅行と余暇のためにはたくさんお金をつぎ込むだろう。

§9 als ob ＋接続法

als obは英語のas ifにあたるものです。als obは接続法第Ⅱ式と結びつき「あたかも…であるかのように～」を意味します。また第Ⅰ式と結びつくこともあります。

Mehrmals sah es so aus, als ob sie nichts davon wüsste.
彼女ときたらそれについては何も知らないような顔を何度もした。
Mehrmals sah es so aus, als wüsste sie nichts davon.

✐ obを省いた場合には、定動詞をalsの直後に置きます。

Übung macht Spaß

（　）内の語を適当な形に改めて和訳しなさい。

① Wenn ich nicht so viel (trinken) (haben), (haben) ich am nächsten Tag nicht blaumachen (müssen).
② Es (sein) für uns am glücklichsten, wenn wir viele guten Freunde (haben).
③ Wenn man lange unter übermäßigem Stress (stehen), (können) das Beschwerden verschiedener Art auslösen.
④ Mit der Gentechnik (müssen) man sehr vorsichtig umgehen.
⑤ Der Film hatte kaum begonnen, da kam mir vor, als (sein) ich mitten in einer uralten Zeit.

www-surfen

初級ドイツ語終了後から中級ドイツ語への橋渡しになるすばらしい教材が数多く用意されています。しかも今のドイツを知ることができるものばかりです。フォーラムも開設されていて、ドイツ語を勉強している世界中の人たちとコミュニケーションできるようになっています。ぜひ活用してほしいものです。

解 答

▶ 第1課 §4 (P. 4)

ich	danke	finde	heiße	tanze	wand(e)re
du	dankst	findest	heißt	tanzt	wanderst
er	dankt	findet	heißt	tanzt	wandert
wir	danken	finden	heißen	tanzen	wandern
ihr	dankt	findet	heißt	tanzt	wandert
sie	danken	finden	heißen	tanzen	wandern
Sie	danken	finden	heißen	tanzen	wandern
	感謝する	見つける	と呼ばれる	踊る	徒歩旅行する

▶ 第1課 §6 (P. 6)

① Ich <u>bin</u> müde.　私は眠い。
② Du <u>hast</u> Glück.　君は運がよい。
③ Wir <u>sind</u> nicht reich.　私たちは金持ちではない。
④ <u>Sprecht</u> ihr Deutsch?　君たちはドイツ語を話しますか。
⑤ Wo <u>wohnst</u> du?　君はどこに住んでいるの。

▶ 第1課 §7 (P. 7)

① Arbeitet er fleißig?　—Ja, er arbeitet fleißig.
　　　　　　　　　　　—Nein, er arbeitet nicht fleißig.
② Arbeitet er nicht fleißig?　—Doch, er arbeitet fleißig.
　　　　　　　　　　　　　　—Nein, er arbeitet nicht fleißig.

▶ 第2課 §2 (P. 9)

Die Frau singt sehr gut.
Der Mann der Frau spielt sehr gut Klavier.
Ich danke der Frau herzlich.
Kennst du die Frau nicht?

▶ 第2課 §4 (P. 11)

① Das ist das Auto mein<u>es</u> Vaters. Das Auto gehört mein<u>em</u> Vater.
　これは私の父の車です。この車は私の父のものです。
② Das ist die Bluse mein<u>er</u> Mutter. Die Bluse steht mein<u>er</u> Mutter sehr gut.
　これは私の母のブラウスです。このブラウスは母にとてもよく似合っています。
③ Welch<u>es</u> Armband schenkst du dein<u>er</u> Freundin? —Ich schenke ihr dies<u>es</u>.
　君は君のガールフレンドにどのブレスレットをプレゼントするのだ。—僕は彼女にこのブレスレットをプレゼントするよ。
④ Dies<u>e</u> Mehrzweckhalle ist schön. Unsere Stadt hat noch kein<u>e</u>.

この多目的ホールはすばらしい。私たちの町にはまだひとつもありません。
⑤ Jene Lehrerin unterrichtet nicht Deutsch, sondern Französisch.
あの女教師はドイツ語ではなくてフランス語を教えています。

▶ 第3課 §2【1】(P. 13)

	fahren	halten	lassen	schlafen	tragen
ich	fahre	halte	lasse	schlafe	trage
du	fährst	hältst	lässt	schläfst	trägst
er	fährt	hält	lässt	schläft	trägt
意味	(乗り物で)行く	つかんでいる	させる	眠る	運ぶ
	essen	geben	helfen	nehmen	sprechen
ich	esse	gebe	helfe	nehme	spreche
du	isst	gibst	hilfst	nimmst	sprichst
er	isst	gibt	hilft	nimmt	spricht
意味	食べる	与える	手伝う	取る	話す
	lesen	sehen	wissen		
ich	lese	sehe	weiß		
du	liest	siehst	weißt		
er	liest	sieht	weiß		
意味	読む	見る	知っている		

▶ 第3課 §2【2】(P. 14)
① Er sieht schlecht. Er trägt eine Brille.
彼は目が悪い。彼は眼鏡をかけている。
② Unser Kind isst gut und schläft gut.
私たちの子どもはよく食べよく眠る。
③ Paul bleibt heute zu Haus und liest einen Krimi.
パウルは今日は家にいて推理小説を読む。
④ Die Lehrerin gibt dem Schüler einen Tip.
その女の先生はその男子生徒にヒントを与える。
⑤ Der Film läuft schon.
その映画はすでに上映されている。

▶ 第3課 §3 (P. 15)
① Guck mal her!   Guckt mal her!   Gucken Sie mal her!
② Fahr[e] vorsichtig! Fahrt vorsichtig!   Fahren Sie vorsichtig!
③ Nimm hier Platz!   Nehmt hier Platz!   Nehmen Sie hier Platz!
④ Sei bitte ruhig!   Seid bitte ruhig!   Seien Sie bitte ruhig!
⑤ Komm doch herein!   Kommt doch herein!   Kommen Sie doch herein!

▶ 第3課 §4 (P. 17)
① Sie kommt zuerst in Frankfurt an und dann reist sie in ganz Deutschland herum.

彼女はまずフランクフルトに着き、そしてそれからドイツ中を旅行してまわる。
② Der Kölner Dom beeindruckt die Besucher stark, und sein Innenraum sieht sehr feierlich aus.
ケルンの大聖堂は訪れる人々に深い感銘を与え、その内部はとても厳かにみえる。
③ Der Wintereinbruch legt in Nordjapan den Verkehr lahm.
冬が訪れ北日本の交通が麻痺している。
④ Franziska leiht ihrer Kommilitonin ihr Notizheft aus.
フランチスカは彼女の同級生にノートを貸してやる。
⑤ Wann und wo findet das Konzert statt?
そのコンサートはいつどこで行われるのですか。

▶ 第4課 §3 (P. 20)
孫 [Enkel]　従兄弟 [Vetter]　孫(女) [Enkelinnen]　姪 [Nichten]　兄、弟 [Brüder]
従姉妹 [Kusinen]　甥 [Neffen]　母 [Mütter]　父 [Väter]　姉、妹 [Schwestern]
おば [Tanten]　祖母 [Großmütter]　祖父 [Großväter]　おじ [Onkel]

頭 [Köpfe]　目 [Augen]　肩 [Schultern]　腕 [Arme]　脚 [Beine]　足 [Füße]　膝 [Knie]
指 [Finger]　手 [Hände]　耳 [Ohren]　髪 [Haare]

▶ 第4課 §4 (P. 21)
① この女教師はすべての女子生徒と男子生徒の名前を暗記している。
② 彼女はとてもよくお菓子を食べる。
③ 私たちには5人の子どもがいます。息子が3人、娘が2人です。
④ 私は私の同僚たちにお土産を買う。
⑤ 君は何歳なの。—僕は8歳です。

▶ 第4課 §5 (P. 23)
① Ich helfe ihm. Er hilft mir.
私は彼を助ける。彼は私を助ける。
② Er schenkt ihr ein Halsband. Es gefällt ihr sehr gut.
彼は彼女にネックレスをプレゼントする。彼女はそれをとても気に入っている。
③ Wir stellen euch unsere Freunde vor.
私たちは君たちに私たちの友達を紹介する。
④ Ich rufe Sie morgen noch einmal an.
明日もう一度お電話をさしあげます。
⑤ Sie liebt ihn und denkt immer an ihn.
彼女は彼を愛し、そしていつも彼のことを考えている。

▶ 第5課 §2 (P. 26)
① Wegen der Erkältung geht er heute zum Arzt.
風邪のために彼は今日医者に行く。
② Seit einer Woche ist sie mit ihren Freundinnen unterwegs.

彼女は一週間前から彼女の女友達たちといっしょに旅行に出かけている。
③ Die Donau kommt aus dem Schwarzwald in Deutschland und fließt durch die Stadt Wien und mündet zum Schluss ins Schwarze Meer.
ドナウ川はドイツのシュヴァルツヴァルトに源を発してウィーンの町を横切って流れ、そして最後には黒海に注いでいる。
④ In der Mittagspause geht er in die Bibliothek und liest dort Zeitschriften.
彼は昼休みに図書館へ行き、そこで雑誌を読む。
⑤ Die Aussicht vom Philosophenweg über den Neckar auf die Altstadt und das Heidelberger Schloss ist wunderbar.
哲学者の道からネッカーのむこうに旧市街とハイデルベルク城を見る眺めはすばらしい。

▶ 第5課 §5 (P. 29)
① Ich danke Ihnen herzlich (für) Ihre Hilfe.
私はあなたの手助けにこころから感謝します。
② Ich bitte dich (um) Entschuldigung (für) meine Schreibfaulheit.
僕の筆無精をどうか許してほしい。
③ Er hält diesen Politiker (für) einen Betrüger.
彼はこの政治家をペテン師とみなしている。
④ Das Rathaus ist (für/durch) sein Glockenspiel sehr bekannt.
この市庁舎はそのグロッケンシュピールでとてもよく知られている。
⑤ Wir sind alle (mit) unserer Wohnung ganz zufrieden.
私たちは私たちの住まいにまったく満足している。

▶ 第6課 §3 (P. 32)
① Wir unterhalten uns im Café über den Ausflug ins Grüne.
私たちは喫茶店で野外ハイキングについて楽しく話す。
② Ich bedanke mich bei Ihnen für die Einladung.
私はあなたのご招待に感謝しております。
③ Stell dich nicht so dumm an!
そんな馬鹿なまねはよせよ。
④ Die Grippewelle breitet sich weiter aus.
インフルエンザ流行の波がさらに広がっている。
⑤ In Deutschland streitet man sich heftig über den Atomausstieg.
ドイツでは脱原子力をめぐって激しく争われている。

▶ 第6課 §7 (P. 36)
① 月曜日にかけての夜は全般的に曇り、雲が重く垂れこめます。所々で雪が降るでしょう。
② 今日、ハンザ・ロストック対ＦＣバイエルンのサッカーの試合があるんだ。試合はいったいどうなってる。
③ 人間の尊厳にかかわる問題だ。
④ ヴィム・ヴェンダースは世界的に有名なドイツの映画監督の一人である。
⑤ 彼は何をそんなに喜んでいるのか。 ——彼は試験に合格して喜んでいるのです。

▶ 第7課 §3【1】（P. 41）

① frische　Luft　　② kaltes　Wasser　　③ der　geschädigte　Wald
　 frischer Luft　　　 kalten　Wassers　　　 des　geschädigten Wald[e]s
　 frischer Luft　　　 kaltem Wasser　　　　 dem geschädigten Wald
　 frische　Luft　　　 kaltes　Wasser　　　　 den geschädigten Wald

④ ein　　unbekannter Täter　　⑤ viele　Verletzte
　 eines　unbekannten Täters　　　 vieler　Verletzter
　 einem unbekannten Täter　　　　 vielen　Verletzten
　 einen　unbekannten Täter　　　　 viele　 Verletzte

▶ 第7課 §3【2】（P. 41）

① Salzburg ist eine schöne Stadt und heißt auch Mozartstadt, denn Salzburg ist die Geburtsstadt dieses großen Komponisten des achtzehnten Jahrhunderts. Sein Geburtshaus steht noch immer. Jedes Jahr kommen viele Touristen aus aller Welt.
ザルツブルクは美しい町であり、そしてモーツァルトの町とも言われている。というのは、ザルツブルクは18世紀のこの偉大な作曲家が生まれた町であるからです。彼の生家はまだ残っています。毎年世界中から多くの観光客がやってきます。

② Salzburg ist auch der Schauplatz des weltbekannten Films „Sound of Music" und hat viele historische und kulturelle Sehenswürdigkeiten.
ザルツブルクはまた『サウンド・オブ・ミュージック』という世界的に有名な映画の舞台でもあり、そして多くの名所旧跡があります。

③ Die Festung Hohensalzburg hat eine herrliche Aussicht über die blaue Salzach und über die ganze Stadt.
要塞ホーエン・ザルツブルクから青きザルツァッハ川のむこうに町全体を見おろす眺めはすばらしい。

④ Das romantische Salzkammergut ist nicht so weit entfernt von dieser Stadt. Es ist ein beliebtes Ausflugsziel in Österreich.
ロマンチックなザルツカンマーグートはこの町からさほど遠くない。そこはオーストリアの人気のある行楽地です。

⑤ Dort genießt man die wunderbare Schafbergbahn und die traumhafte Schifffahrt auf dem Wolfgangsee.
そこではすばらしいシャフベルク鉄道と夢見心地のヴォルフガング湖の船旅を楽しむことができます。

▶ 第7課 §4（P. 46）

① 彼は何でも君より上手にやるのかい。
② 国境の安全強化が現在これまでになく切に求められている。
③ 日本ではますます多くの子どもたちがインフルエンザにかかっている。
④ 一連の放火事件が住民をますます大きな不安に陥れている。
⑤ 警察がこの自動車事故の原因を調べれば調べるほど、それはますますミステリアスになってくる。

▶ 第8課 §4 (P. 50)
① Seine Tochter <u>kann</u> sehr gut Klavier spielen.
   彼の娘はとても上手にピアノを弾くことができる。
② Er <u>soll</u> mich vom Bahnhof abholen.
   彼に駅まで私を迎えに来てもらいたい。
③ Man <u>darf</u> in öffentlichen Gebäuden nicht rauchen.
   公共の建物内ではタバコを吸ってはならない。
④ Wir <u>müssen</u> immer vor der Gefahr der Abstumpfung beim Erinnern an unserer Vergangenheit warnen.
   私たちは、私たちの過去の記憶が薄れかねないことに常に警告を発しなければならない。
⑤ <u>Wollen</u> wir darüber morgen weiter diskutieren?
   このことについては明日さらに討議しないか。

▶ 第8課 §6 (P. 53)
① 時間通りにコーブレンツに着くことは私たちにとってほとんど不可能だ。
② 君はそのことを彼女に言う必要はない。
③ その城へは徒歩でも行ける。
④ 環境をもっと保護するためには観光の考えを改めなければならない。
⑤ オーストリアでの雪崩の大惨事は観光が持つ陰の面と関係があると言われている。

▶ 第8課 §7 (P. 55)
① Es wundert mich sehr, <u>dass</u> du nicht mitkommst.
   君がいっしょに来ないなんてとても不思議だ。
② Sie fährt mit dem Fahrrad zur Firma, <u>obwohl</u> sie stark erkältet ist.
   彼女はひどく風邪を引いているにもかかわらず自転車で会社へ行く。
③ Er jobbt fleißig, <u>damit</u> er in diesen Sommerferien in Jugendherbergen übernachten und ganz Deutschland durchreisen kann.
   彼は、この夏休みにユースホステルに泊まりながらドイツ中を旅行してまわれるように、アルバイトに精を出している。
④ Man muss 100 DM Bußgeld zahlen, <u>wenn</u> man Seitenstreifen zum Zwecke des schnelleren Vorwärtskommens benutzt.
   より早く前へ進むために路側帯を走れば罰金100マルクを支払わねばならない。
⑤ Unsere Zeit stresst uns sehr, <u>weil</u> sie ganz komplex und unübersichtlich ist.
   現代はまったく複雑で見通しがきかないために非常にストレスがかかる。

▶ 第9課 §6【1】(P. 62)

<u>wohnen</u>	<u>kommen</u>	<u>erkennen</u>	<u>aufhören</u>	<u>operieren</u>
wohnte	kam	erkannte	hörte...auf	operierte
<u>gewohnt</u>	<u>gekommen</u>	erkannt	<u>aufgehört</u>	operiert
<u>住む</u>	<u>来る</u>	<u>認識する</u>	<u>やむ</u>	<u>手術する</u>

▶ 第9課 §6【2】(P. 62)

ich	sagte	aß	hielt	schlief...ein	verlor
du	sagtest	aßest	hielt[e]st	schlief[e]st...ein	verlorst
er	sagte	aß	hielt	schlief...ein	verlor
wir	sagten	aßen	hielten	schliefen...ein	verloren
ihr	sagtet	aßt	hieltet	schlieft...ein	verlort
sie	sagten	aßen	hielten	schliefen...ein	verloren
Sie	sagten	aßen	hielten	schliefen...ein	verloren

▶ 第9課 §6【3】(P. 62)

① Sie feierte in einem romantischen Schlosshotel Hochzeit.
　Sie wird in einem romantischen Schlosshotel Hochzeit feiern.
　彼女はロマンチックなお城のホテルで結婚式を挙げた。
　彼女はロマンチックなお城のホテルで結婚式を挙げるだろう。
② Lukas schrieb seinem Vater einen Brief.
　Lukas wird seinem Vater einen Brief schreiben.
　ルーカスはお父さんに手紙を書いた。
　ルーカスはお父さんに手紙を書くだろう。
③ Die Polizei nahm den Brandstifter fest.
　Die Polizei wird den Brandstifter festnehmen.
　警察は放火犯を逮捕した。
　警察は放火犯を逮捕するだろう。
④ Ich bekam eine Karte für das Konzert.
　Ich werde eine Karte für das Konzert bekommen.
　私はそのコンサートのチケットを入手した。
　私はそのコンサートのチケットを入手するぞ。
⑤ Er reparierte ihr Fahrrad.
　Er wird ihr Fahrrad reparieren.
　彼は彼女の自転車を修理した。
　彼は彼女の自転車を修理するだろう。

▶ 第10課 §5【1】(P. 68)

bekommen haben　　geblieben sein　　gedacht haben　　gelaufen sein
mitgenommen haben

▶ 第10課 §5【2】(P. 68)

① Viele Mädchen haben das Buch gelesen.
　多くの少女たちがその本を読んだ。
② Nach dem Seminar ist er in die Mensa gegangen.
　ゼミの後で彼は学生食堂へ行った。
③ Hier hat es mir am besten gefallen.
　私はここが一番気に入りました。

解答・独訳　99

④ Warum hast du mich verlassen?
　　君はなぜ私を見捨てたのか。
⑤ Ich habe ein Examen nachholen müssen.
　　私は追試験を受けなければならなかった。

▶ 第10課 §5【3】(P. 68)
① 私たちは君のことを忘れたことはない。
② あなたは週末に何をしましたか。
③ 彼の提案は私に考えを改めるきっかけを与えてくれた。
④ 労働界の激変が予言された。
⑤ 彼がやっと医師国家試験に合格したことを聞き知って私はすぐに彼に電話をかけた。

▶ 第11課 §7【1】(P. 74)
① ein <u>schlafendes</u> Kind　　② eine <u>dringende</u> Bitte
③ das <u>renovierte</u> Gebäude　　④ ein <u>ausgezeichneter</u> Filmstar
⑤ die durch das Erdbeben völlig <u>zerstörten</u> Dörfer

▶ 第11課 §7【2】(P. 74)
① Sie wurde von einem armen Mann geliebt.
　　彼女はある貧しい男に愛された。
② Mein Verlust wird mir von der Versicherung ersetzt.
　　私の損害は保険会社により補償される。
③ Ich bin am letzten Wochenende von Michael zum Abendessen eingeladen worden.
　　私は先週末ミヒャエルに夕食に招待された。
④ Während des Oktoberfests werden Millionen Besucher aus aller Welt erwartet. Unter den riesigen Bierzelten wird viel getrunken.
　　十月祭の間数百万人の人々が世界中から訪れることが見込まれる。巨大な仮設ビアホールではビールが大いに飲まれる。
⑤ In Österreich sind viele Menschen durch die Lawinenkatastrophe getötet worden.
　　オーストリアで雪崩の大惨事のために多くの人間が死んだ。

▶ 第11課 §7【3】(P. 74)
① 町中でばったり級友に出会い、私は学校時代に連れ戻されたように感じた。
② 労働界の激変が多くの専門家により予言される。
③ 映画『タイタニック』は14という記録的な数のオスカー部門にノミネートされた。
④ ベルリンでラブ・パレードが催された。それは、ゴミの山が後に残されたために、環境保護論者たちによって厳しく批判された。
⑤ ドイツ中で大学の予算削減に反対して学生たちによりストライキが行われ、そして大学での勉強の条件改善のためにデモが行われた。

▶ 第12課 §4【1】(P. 81)
① <u>Die</u> studiert in Hamburg Japanologie.

その人はハンブルクの大学で日本学を学んでいます。
Deren Vater arbeitet jetzt in Tokio.
その人のお父さんは現在東京で働いています。
Der bringe ich Japanisch bei.
その人に私は日本語を教えています。
Die möchte ich dir einmal vorstellen.
その人をいつか君に紹介したい。

② Ich habe eine Tandempartnerin, die in Hamburg Japanologie studiert.
Ich habe eine Tandempartnerin, deren Vater jetzt in Tokio arbeitet.
Ich habe eine Tandempartnerin, der ich Japanisch beibringe.
Ich habe eine Tandempartnerin, die ich dir einmal vorstellen möchte.

③ Er studiert in Hamburg Japanologie.
Sein Vater arbeitet jetzt in Tokio.
Ich bringe ihm Japanisch bei.
Ich möchte ihn dir einmal vorstellen.

Der studiert in Hamburg Japanologie.
Dessen Vater arbeitet jetzt in Tokio.
Dem bringe ich Japanisch bei.
Den möchte ich dir einmal vorstellen.

Ich habe einen Tandempartner, der in Hamburg Japanologie studiert.
Ich habe einen Tandempartner, dessen Vater jetzt in Tokio arbeitet.
Ich habe einen Tandempartner, dem ich Japanisch beibringe.
Ich habe einen Tandempartner, den ich dir einmal vorstellen möchte.

▶ 第12課 §4【2】(P. 81)
① Das Auto, (das) ich mir neulich gekauft habe, ist aus Deutschland.
私が最近買った車はドイツ製です。
② Die Familie, bei (der) ich wohne, ist ganz nett.
私の下宿先の家族はとても親切です。
③ Anna sucht sich Partnerinnen, mit (denen) sie die Gesellschaftsreise organisieren kann.
アンナは団体旅行の準備をいっしょにすることができるパートナーを探している。
④ (Wer) mich gut kennt, weiß schon, dass ich ziemlich menschenscheu bin.
私をよく知る人は、私がかなり人見知りすることをちゃんと知っている。
⑤ In dieser Zeitschrift steht alles, (was) bei uns momentan von Interesse ist.
この雑誌には私たちのところで目下関心が持たれているすべてのことが載っている。

▶ 第12課 §4【3】(P. 82)
① 長年にわたる交渉の末になされた妥協は、遺憾ながら実行には移されなかった。
② 待降節のシーズンになると子どもたちは、彼らをクリスマス前の雰囲気に浸らせるアドヴェンツ・カレンダーをもらう。

③ 毎年数百万人の人々が世界中から訪れることが見込まれる十月祭は、世界最大の民衆の祭りである。
④ 最初の心臓移植が1969年2月13日に行われたドイツでは今日、年に約550回移植が行われている。
⑤ インターネット・タンデムは自主的に学ぶ者に異文化コミュニケーションのトレーニングを可能にし、そしてこれにより彼らは、ありとあらゆることについて互いに語り合い、また他国の文化についてより多く知ることができる。

▶ 第13課 §3【1】(P. 85)

ich	bleibe	esse	komme	wisse	möge
du	bleibest	essest	kommest	wissest	mögest
er	bleibe	esse	komme	wisse	möge
wir	bleiben	essen	kommen	wissen	mögen
ihr	bleibet	esset	kommet	wisset	möget
sie	bleiben	essen	kommen	wissen	mögen
Sie	bleiben	essen	kommen	wissen	mögen
ich	bliebe	äße	käme	wüsste	möchte
du	bliebest	äßest	kämest	wüsstest	möchtest
er	bliebe	äße	käme	wüsste	möchte
wir	blieben	äßen	kämen	wüssten	möchten
ihr	bliebet	äßet	kämet	wüsstet	möchtet
sie	blieben	äßen	kämen	wüssten	möchten
Sie	blieben	äßen	kämen	wüssten	möchten

▶ 第13課 §3【2】(P. 85)

① Sie schreibt ihr Referat.
　Sie schrieb ihr Referat.
　Sie hat ihr Referat geschrieben.
　Sie hatte ihr Referat geschrieben.
　Sie wird ihr Referat schreiben.
　Sie wird ihr Referat geschrieben haben.

　Sie schreibe ihr Referat.
　Sie habe ihr Referat geschrieben.
　Sie werde ihr Referat schreiben.
　Sie werde ihr Referat geschrieben haben.

　Sie schriebe ihr Referat.
　Sie hätte ihr Referat geschrieben.
　Sie würde ihr Referat schreiben.
　Sie würde ihr Referat geschrieben haben.

② Er geht zum Arzt.
Er ging zum Arzt.
Er ist zum Arzt gegangen.
Er war zum Arzt gegangen.
Er wird zum Arzt gehen.
Er wird zum Arzt gegangen sein.

Er gehe zum Arzt.
Er sei zum Arzt gegangen.
Er werde zum Arzt gehen.
Er werde zum Arzt gegangen sein.

Er ginge zum Arzt.
Er wäre zum Arzt gegangen.
Er würde zum Arzt gehen.
Er würde zum Arzt gegangen sein.

▶ 第13課 §5 (P. 87)
① Mein Kollege schrieb mir, er habe sich hier auf dem Land sehr gut erholt.
同僚が、俺はこの田舎で十分に休養した、と手紙に書いてきた。
② Die Mutter fragte ihr Kind, ob es Mut habe, mit der Achterbahn zu fahren.
その母親は子どもにジェットコースターに乗る勇気があるかと尋ねた。
③ Paul fragte seine Kommilitonen, ob sie schon ihr Referat geschrieben hätten.
パウルは彼の同級生たちにもうレポートは書いたかと尋ねた。
④ Mein Vater hat mir oft gesagt, ich solle nicht auf morgen verschieben, was ich heute besorgen könne.
私の父はよく私に、今日できることは明日に延ばすなと言った。
⑤ Eine alte Frau bat einen Mann, er möge ihr ihr Gepäck aufs Gepäcknetz legen.
年老いた女性が一人の男性に、荷物を網棚にあげてもらえないかと頼んだ。

▶ 第13課 §9 (P. 91)
① Wenn ich nicht so viel (getrunken) (hätte), (hätte) ich am nächsten Tag nicht blaumachen (müssen).
そんなにもたくさんお酒を飲まなかったなら、私は翌日サボるには及ばなかっただろう。
② Es (wäre) für uns am glücklichsten, wenn wir viele guten Freunde (hätten).
よい友達がたくさんいれば、それが私たちにとっての最高の幸せと言えるだろう。
③ Wenn man lange unter übermäßigem Stress (stünde), (könnte) das Beschwerden verschiedener Art auslösen.
過度なストレスに長い間さらされ続けると、それはいろんな病気を引き起こしかねない。
④ Mit der Gentechnik (müsste) man sehr vorsichtig umgehen.
遺伝子工学には十分慎重に関わらねばならないだろう。

⑤ Der Film hatte kaum begonnen, da kam mir vor, als (wäre) ich mitten in einer uralten Zeit.
その映画が始まるや私は自分が太古の昔のただ中にいるかのように思われた。

独 訳

▶ 第1課（P. 7）
① Ich heiße Sebastian.
② Ich komme aus Heidelberg.
③ Heidelberg ist sehr schön.
④ Ich studiere Jura.
⑤ Ich höre gern Musik.

▶ 第3課（P. 18）
A: Wann kommt unser Zug in Köln an?
B: Er kommt dort um halb elf an. Nur noch 5 Minuten.
A: Unser Zug überquert gerade einen Fluss. Wie heißt der Fluss?
B: Das ist der Rhein. Schau mal den Kölner Dom dort drüben!
A: Wie hoch ist er!
B: Der Dom ist 157 m hoch.
A: Er sieht ganz alt aus. Wie alt ist er?
B: Er ist 750 Jahre alt. Besichtigen wir ihn später?
A: Ja, sehr gern.
B: Endlich sind wir in Köln. Steigen wir aus!

▶ 第3課　補充発展問題（P. 18）
B: Man sagt, in der Abenddämmerung ist der Kölner Dom am schönsten. Der Dom ist im Zweiten Weltkrieg nicht bombardiert worden.
A: Wenn er damals bombardiert worden wäre, wäre es für uns ein großer Verlust gewesen. Der Kölner Dom ist doch ein Weltkulturerbe.

▶ 第8課（P. 56）
客: Guten Tag! Ich möchte nach Kaub fahren. Wann fährt ein Zug nach Kaub ab?
駅員: Um 14.10 Uhr fährt ein Zug ab.
客: Dann nehme ich den Zug. Einmal einfach, zweiter Klasse, bitte! Was kostet das?
駅員: 24.20 DM.
客: Übrigens, muss ich umsteigen?
駅員: Nein, Sie können direkt nach Kaub fahren.

客: Um wieviel Uhr (Wann) kommt der Zug in Kaub an?
駅員: Er kommt um 15.59 Uhr in Kaub an.
客: Das passt mir sehr gut.
駅員: Also gute Reise!
客: Vielen Dank. Auf Wiedersehen!

▶ 第10課 (P. 69)

① Ich bin gestern nach Wien gefahren.
② Mein Zug ist um 12.10 Uhr abgefahren und um 15.35 Uhr in Wien angekommen.
③ Und ich habe meinen Freund angerufen und ihn dann in einem angenehmen Café getroffen.
④ Wir haben den Vergnügungspark Prater besucht und sind mit dem Riesenrad gefahren.
⑤ Ich habe mit meinem Freund einen schönen Tag verbracht.

主要不規則動詞変化表

不定詞	直説法現在	直説法過去	接続法第Ⅱ式	過去分詞
befehlen 命ずる	du befiehlst er befiehlt	**befahl**	beföhle (befähle)	**befohlen**
beginnen 始める		**begann**	begönne (begänne)	**begonnen**
beißen かむ	du beißt er beißt	**biss**	bisse	**gebissen**
bergen 隠す	du birgst er birgt	**barg**	bärge	**geborgen**
bieten 提供する		**bot**	böte	**geboten**
binden 結ぶ		**band**	bände	**gebunden**
bitten たのむ		**bat**	bäte	**gebeten**
blasen 吹く	du bläst er bläst	**blies**	bliese	**geblasen**
bleiben (s) とどまる		**blieb**	bliebe	**geblieben**
braten (肉などを)焼く	du brätst er brät	**briet**	briete	**gebraten**
brechen 破る、折る	du brichst er bricht	**brach**	bräche	**gebrochen**
brennen 燃える		**brannte**	brennte	**gebrannt**
bringen 持ってくる		**brachte**	brächte	**gebracht**
denken 考える		**dachte**	dächte	**gedacht**
dringen (s) 突き進む		**drang**	dränge	**gedrungen**
dürfen …してもよい	ich darf du darfst er darf	**durfte**	dürfte	**gedurft**
empfehlen 推薦する	du empfiehlst er empfiehlt	**empfahl**	empföhle (empfähle)	**empfohlen**

不定詞	直説法現在	直説法過去	接続法第Ⅱ式	過去分詞
erschrecken (s) 驚く	du erschrickst er erschrickt	**erschrak**	erschräke	**erschrocken**
essen 食べる	du isst er isst	**aß**	äße	**gegessen**
fahren (s) （乗り物で）行く	du fährst er fährt	**fuhr**	führe	**gefahren**
fallen (s) 落ちる	du fällst er fällt	**fiel**	fiele	**gefallen**
fangen 捕らえる	du fängst er fängt	**fing**	finge	**gefangen**
finden 見つける		**fand**	fände	**gefunden**
fliegen (s) 飛ぶ		**flog**	flöge	**geflogen**
fliehen (s) 逃げる		**floh**	flöhe	**geflohen**
fließen (s) 流れる	du fließt er fließt	**floss**	flösse	**geflossen**
frieren 凍る		**fror**	fröre	**gefroren**
gebären 産む		**gebar**	gebäre	**geboren**
geben 与える	du gibst er gibt	**gab**	gäbe	**gegeben**
gehen (s) 行く		**ging**	ginge	**gegangen**
gelingen (s) 成功する		**gelang**	gelänge	**gelungen**
gelten 有効である	du giltst er gilt	**galt**	gölte (gälte)	**gegolten**
genießen 楽しむ	du genießt er genießt	**genoss**	genösse	**genossen**
geschehen (s) 起こる	es geschieht	**geschah**	geschähe	**geschehen**
gewinnen 獲得する		**gewann**	gewönne (gewänne)	**gewonnen**
gießen 注ぐ	du gießt er gießt	**goss**	gösse	**gegossen**

付録

不定詞	直説法現在	直説法過去	接続法第Ⅱ式	過去分詞
greifen つかむ		**griff**	griffe	**gegriffen**
haben 持っている	du hast er hat	**hatte**	hätte	**gehabt**
halten 保つ	du hältst er hält	**hielt**	hielte	**gehalten**
hängen 掛かっている		**hing**	hinge	**gehangen**
heben 持ち上げる		**hob**	höbe	**gehoben**
heißen …と呼ばれる	du heißt er heißt	**hieß**	hieße	**geheißen**
helfen 助ける	du hilfst er hilft	**half**	hülfe (hälfe)	**geholfen**
kennen 知っている		**kannte**	kennte	**gekannt**
klingen 響く		**klang**	klänge	**geklungen**
kommen (s) 来る		**kam**	käme	**gekommen**
können …できる	ich kann du kannst er kann	**konnte**	könnte	**gekonnt**
laden (荷を)積む	du lädst er lädt	**lud**	lüde	**geladen**
lassen …させる	du lässt er lässt	**ließ**	ließe	**gelassen**
laufen (s) 走る	du läufst er läuft	**lief**	liefe	**gelaufen**
leiden 苦しむ		**litt**	litte	**gelitten**
leihen 貸す		**lieh**	liehe	**geliehen**
lesen 読む	du liest er liest	**las**	läse	**gelesen**
liegen 横たわっている		**lag**	läge	**gelegen**

不定詞	直説法現在	直説法過去	接続法第Ⅱ式	過去分詞
lügen 嘘をつく		**log**	löge	**gelogen**
meiden 避ける		**mied**	miede	**gemieden**
messen 測る	du misst er misst	**maß**	mäße	**gemessen**
mögen …かもしれない	ich mag du magst er mag	**mochte**	möchte	**gemocht**
müssen …ねばならない	ich muss du musst er muss	**musste**	müsste	**gemusst**
nehmen 取る	du nimmst er nimmt	**nahm**	nähme	**genommen**
nennen …と呼ぶ		**nannte**	nennte	**genannt**
raten 助言する	du rätst er rät	**riet**	riete	**geraten**
reißen 引き裂く	du reißt er reißt	**riss**	risse	**gerissen**
reiten (s) 馬に乗る		**ritt**	ritte	**geritten**
rennen (s) 走る		**rannte**	rennte	**gerannt**
rufen 叫ぶ、呼ぶ		**rief**	riefe	**gerufen**
schaffen 創造する		**schuf**	schüfe	**geschaffen**
scheiden 分ける		**schied**	schiede	**geschieden**
scheinen 輝く、思われる		**schien**	schiene	**geschienen**
schieben 押す		**schob**	schöbe	**geschoben**
schießen 撃つ	du schießt er schießt	**schoss**	schösse	**geschossen**
schlafen 眠る	du schläfst er schläft	**schlief**	schliefe	**geschlafen**

付　録

不定詞	直説法現在	直説法過去	接続法第Ⅱ式	過去分詞
schlagen 打つ	du schlägst er schlägt	**schlug**	schlüge	**geschlagen**
schließen 閉じる	du schließt er schließt	**schloss**	schlösse	**geschlossen**
schmelzen (s) 溶ける	du schmilzt er schmilzt	**schmolz**	schmölze	**geschmolzen**
schneiden 切る		**schnitt**	schnitte	**geschnitten**
schreiben 書く		**schrieb**	schriebe	**geschrieben**
schreien 叫ぶ		**schrie**	schriee	**geschrie(e)n**
schreiten (s) 歩む		**schritt**	schritte	**geschritten**
schweigen 沈黙する		**schwieg**	schwiege	**geschwiegen**
schwimmen (s, h) 泳ぐ		**schwamm**	schwömme (schwämme)	**geschwommen**
schwinden (s) 消える		**schwand**	schwände	**geschwunden**
sehen 見る	du siehst er sieht	**sah**	sähe	**gesehen**
sein (s) ある	ich bin du bist er ist	**war**	wäre	**gewesen**
senden 送る	du sendest er sendet	**sandte** (sendete)	sendete	**gesandt** (gesendet)
singen 歌う		**sang**	sänge	**gesungen**
sinken (s) 沈む		**sank**	sänke	**gesunken**
sitzen 座っている	du sitzt er sitzt	**saß**	säße	**gesessen**
sollen …すべきである	ich soll du sollst er soll	**sollte**	sollte	**gesollt**

不定詞	直説法現在	直説法過去	接続法第Ⅱ式	過去分詞
sprechen 話す	du sprichst er spricht	**sprach**	spräche	**gesprochen**
springen (s) 跳ぶ		**sprang**	spränge	**gesprungen**
stechen 刺す	du stichst er sticht	**stach**	stäche	**gestochen**
stehen 立っている	du stehst er steht	**stand**	stünde (stände)	**gestanden**
stehlen 盗む	du stiehlst er stiehlt	**stahl**	stähle	**gestohlen**
steigen (s) 登る		**stieg**	stiege	**gestiegen**
sterben (s) 死ぬ	du stirbst er stirbt	**starb**	stürbe	**gestorben**
stoßen 突く	du stößt er stößt	**stieß**	stieße	**gestoßen**
streichen なでる		**strich**	striche	**gestrichen**
streiten 争う		**stritt**	stritte	**gestritten**
tragen 運ぶ	du trägst er trägt	**trug**	trüge	**getragen**
treffen 当たる、会う	du triffst er trifft	**traf**	träfe	**getroffen**
treiben 追いたてる		**trieb**	triebe	**getrieben**
treten (s, h) 歩む、踏む	du trittst er tritt	**trat**	träte	**getreten**
trinken 飲む		**trank**	tränke	**getrunken**
trügen 欺く		**trog**	tröge	**getrogen**
tun する	ich tue du tust er tut	**tat**	täte	**getan**
verderben だめになる	du verdirbst er verdirbt	**verdarb**	verdürbe	**verdorben**

付録

不定詞	直説法現在	直説法過去	接続法第Ⅱ式	過去分詞
vergessen 忘れる	du vergisst er vergisst	**vergaß**	vergäße	**vergessen**
verlieren 失う		**verlor**	verlöre	**verloren**
wachsen (s) 成長する	du wächst er wächst	**wuchs**	wüchse	**gewachsen**
waschen 洗う	du wäschst er wäscht	**wusch**	wüsche	**gewaschen**
weisen 指し示す		**wies**	wiese	**gewiesen**
wenden 向ける	du wendest er wendet	**wandte** (wendete)	wendete	**gewandt** (gewendet)
werben 得ようと努める	du wirbst er wirbt	**warb**	würbe	**geworben**
werden (s) …になる	du wirst er wird	**wurde**	würde	**geworden**
werfen 投げる	du wirfst er wirft	**warf**	würfe	**geworfen**
wissen 知っている	ich weiß du weißt er weiß	**wusste**	wüsste	**gewusst**
wollen …しようと思う	ich will du willst er will	**wollte**	wollte	**gewollt**
ziehen 引く、移動する		**zog**	zöge	**gezogen**
zwingen 強制する		**zwang**	zwänge	**gezwungen**

監修者
早川東三　　　学習院女子大学学長

著者／CD-ROMデータ作成
倉田勇治　　　滋賀大学講師

吹込／独文校閲
Michael Feldt　立教大学教授

CD-ROM製作協力
図書印刷株式会社

◆㈱朝日出版社は、CD-ROMを使用した結果生じた障害、損害、もしくはその他いかなる事態にも一切の責任は負いません。

CD-ROM アップ to デイト ドイツ語

検印省略　　© 2000年3月10日　初版発行

監修者　　　　　　　早川　東三
著　者　　　　　　　倉田　勇治
発行者　　　　　　　原　　雅久
発行所　　　　　　　株式会社　朝　日　出　版　社
　　　　　101-0065 東京都千代田区西神田3-3-5
　　　　　　　電話 (03) 3263-3321 (代表)
　　　　　振替口座　東京　00140-2-46008
　　　　　　　http://www.asahipress.com
　　　　　　　　　　　　　　　　　図書印刷

乱丁、落丁本はお取り替えいたします
ISBN4-255-99055-7　C0084